DR. OETKER

# FINGERFOOD

*kleine und feine Party-Pepper*

DR. OETKER

# FINGERFOOD

*kleine und feine Party-Pepper*

CERES

# Vorwort

Crostini, Tapas, Matjestaler, Smoerebroed, Sushi, Enchiladas, Spareribs: Fingerfood ist rund um den Globus ein beliebtes Thema.

In diesem Buch sind Fingerfood-Rezepte aus internationalen Küchen zusammengestellt. Sie sind meist schnell zubereitet, je nach Personenzahl werden einfach ein paar Rezepte mehr oder weniger umgesetzt und schon können alle von der Hand in den Mund genießen. Sie brauchen wenig Platz und wenig Geschirr, höchstens etwas mehr Servietten als sonst.

Ob mit Fisch, Fleisch oder vegetarisch, von diesen Häppchen kann keiner die Finger lassen!

**Abkürzungen**

EL = Eßlöffel
TL = Teelöffel
Msp. = Messerspitze
Pck. = Packung / Päckchen
g = Gramm
kg = Kilogramm
ml = Milliliter
l = Liter
evtl. = eventuell
geh. = gehäuft
gestr. = gestrichen
TK = Tiefkühlprodukt
°C = Grad Celsius
Ø = Durchmesser
E = Eiweiß
F = Fett
Kh = Kohlenhydrate
kcal = Kilokalorien
kJ = Kilojoule

**Hinweise zu den Rezepten**

Die Rezepte sind – wenn nicht anders angegeben – pro Stück berechnet.
Lesen Sie bitte vor der Zubereitung – oder sogar vor dem Einkaufen – das Rezept einmal vollständig durch. Oft werden Arbeitsabläufe oder -zusammenhänge dann klarer.

**Zubereitungszeiten**

Die Zubereitungszeit beinhaltet sowohl Vorbereitungszeit, eigentliche Zubereitung, Gehzeit, als auch die Gar- und Backzeit. Wenn die Zeiten zum Gehen, Quellen, Kühlen, etc. ausgesprochen lang sind (z. B. über Nacht), sind diese nicht mit einbezogen.

# Kapitelübersicht

# Kapitelübersicht

# Gebackenes

## Mini-Käsesoufflés

**Zutaten**

**20 Stück**

**20 Baguettescheiben**
**30 g Kräuterbutter**
**oder 2 (à 175 g) Kräuter-butter-Baguettes**
**3 Eier**
**1 TL Zucker**
**3 EL Crème double**
**4 EL geriebener Gouda**
**3 EL Weizenmehl**
**1 Prise Salz**
**einige Tropfen Zitronensaft**

**Zubereitungszeit:**
30 Minuten

**Pro Stück:**
E: 3 g, F: 4 g, Kh: 10 g,
kJ: 402, kcal: 96

SCHNELL – VEGETARISCH

1 Baguettescheiben mit Kräuterbutter bestreichen, auf ein mit Backpapier belegtes Backblech oder in einer großen Auflaufform verteilen.

2 Eier trennen. Eigelb mit Zucker, Crème double, Käse und Mehl verquirlen.

3 Eiweiß mit Salz und Zitronensaft steif schlagen und vorsichtig unter die Käsemasse heben. Die Masse auf die Baguettescheiben streichen. Das Backblech in den Backofen schieben.

**Ober-/Unterhitze:** etwa 180 °C (vorgeheizt)
**Heißluft:** etwa 160 °C (nicht vorgeheizt)
**Gas:** etwa Stufe 2 (vorgeheizt)
**Backzeit:** etwa 15 Minuten

4 Die Baguettescheiben noch etwa 3 Minuten unter dem Grill gratinieren.

**Tips:** *Wenn fertiggekaufte Kräuterbutter-Baguettes verwendet werden, müssen diese erst noch nach Packungsaufschrift vorbereitet werden.*
*Wer keinen Backofengrill hat, kann auch die Backtemperatur auf höchste Stufe stellen und die Baguettes etwa 2 Minuten überbacken.*
*Die Mini-Käsesoufflés werden noch würziger, wenn anstatt Gouda die gleiche Menge Gruyère verwendet wird oder zum Bestreichen der Baguettescheiben Knoblauchbutter.*

# Pizza-Snacks

**Zutaten**

**etwa 40 Stück**

**Für den Hefeteig:**
**375 g Weizenmehl**
**½ Würfel (21 g) frische Hefe**
**½ TL Zucker**
**250 ml (¼ l) lauwarmes Wasser**
**1 TL Salz**
**2 TL getrocknete italienische Kräuter (Fertigmischung)**

**Für die Füllung:**
**200 g Schinkenspeck**
**1 Zwiebel**
**1 kleine Dose (400 g) geschälte Tomaten**
**2 TL Pizzagewürz (Fertigmischung)**
**1 abgezogene, zerdrückte Knoblauchzehe**
**Salz**
**frisch gemahlener Pfeffer**
**100 g geriebener Gouda**

**Zubereitungszeit:**
90 Minuten

**Pro Stück:**
E: 2 g, F: 4 g, Kh: 7 g,
kJ: 327, kcal: 78

RAFFINIERT

1 Für den Teig Mehl in eine Schüssel sieben. In die Mitte eine Vertiefung drücken. Hefe hineinbröckeln, Zucker und etwas Wasser hinzufügen. Mit einer Gabel vorsichtig verrühren und etwa 10 Minuten gehen lassen.

2 Restliche Zutaten für den Teig hinzugeben und mit Handrührgerät mit Knethaken zunächst auf niedrigster, dann auf höchster Stufe in 5 Minuten zu einem Teig verarbeiten. Den Teig zugedeckt so lange an einem warmen Ort gehen lassen, bis er sich sichtbar vergrößert hat.

3 Für die Füllung Schinkenspeck in kleine Würfel schneiden. Zwiebel abziehen und fein würfeln. Beide Zutaten in einer Pfanne andünsten. Tomaten und Saft hinzugeben, dabei die Tomaten zerdrücken und etwas kochen lassen.

4 Die Sauce kurz pürieren, mit Pizzagewürz, Knoblauch, Salz und Pfeffer abschmecken. Das Ganze etwas einkochen lassen, bis es dicklich wird.

5 Den Hefeteig zu einem Rechteck von 40 x 20 cm ausrollen, mit der Pizzafüllung bestreichen (am Rand etwas frei lassen) und von der längeren Seite her aufrollen.

6 Mit einem scharfen Messer in etwa 1 cm dicke Scheiben schneiden (oder vorher etwas anfrosten).

7 Die Pizzataler auf mit Backpapier belegte Backbleche legen, mit Käse bestreuen und in den Backofen schieben.

**Ober-/Unterhitze:** etwa 180 °C (vorgeheizt)
**Heißluft:** etwa 160 °C (vorgeheizt)
**Gas:** etwa Stufe 2 (vorgeheizt)
**Backzeit:** etwa 10 Minuten

**Tip:** *Die Pizza-Snacks können fertig gebacken gut eingefroren werden. Etwa 30 Minuten vor dem Servieren auftauen und kurz vor dem Verzehr 3–4 Minuten bei 200 °C (Heißluft: etwa 180 °C, Gas: Stufe 3–4) aufbacken.*

# Blätterteigtaler mit Oliven-Tomaten-Belag

**Zutaten**

**50 Stück**

**1 Pck. (450 g) TK-Blätterteigscheiben**
**4 Tomaten**
**1 Ei**
**1 kleines Glas Oliven ohne Stein, in Scheiben geschnitten**
**Salz**
**frisch gemahlener Pfeffer**
**2 EL Olivenöl**
**1 kleines Bund Schnittlauch in Röllchen**

**Zubereitungszeit:**
40 Minuten

**Pro Stück:**
E: 1 g, F: 3 g, Kh: 3 g,
kJ: 197, kcal: 47

*GUT VORZUBEREITEN*

1 Blätterteigscheiben zugedeckt bei Zimmertemperatur auftauen lassen.

2 Tomaten kurze Zeit in kochendes Wasser legen (nicht kochen lassen), mit kaltem Wasser abschrecken, enthäuten, Stengelansätze entfernen, Tomaten vierteln, entkernen und würfeln.

3 Die aufgetauten Teigplatten auf der bemehlten Arbeitsfläche noch ein wenig ausrollen und mit einer runden Tasse oder einem Glas Taler (Ø 5–6 cm) ausstechen. Die Teigreste immer wieder aufeinander legen und ausrollen.

4 Teigtaler auf mit Backpapier ausgelegte Backbleche legen und mit verquirltem Ei bestreichen. Tomatenwürfel und Olivenscheiben darauf geben, mit Salz und Pfeffer würzen und die Backbleche in den Backofen schieben.

**Ober-/Unterhitze:** etwa 180 °C (vorgeheizt)
**Heißluft:** etwa 160 °C (vorgeheizt)
**Gas:** Stufe 3–4 (vorgeheizt)
**Backzeit:** 12–15 Minuten

5 Die Blätterteigtaler mit Olivenöl beträufeln und mit Schnittlauchröllchen bestreuen.

**Tip:** *Die Blätterteigtaler können auch mit anderen Zutaten belegt werden, z. B. 1 Dose (400 g) Pizza-Tomaten darauf verteilen, mit Salz, Pfeffer, Oregano und geriebenem Gouda bestreuen. Oder mit gedünsteten roten Zwiebelringen, gekochtem Schinken und Thunfischstückchen und geriebenem Emmentaler belegen oder als dritte Alternative mit Kräuter-Crème fraîche bestreichen und kleinen, gedünsteten Broccoliröschen und Käse belegen. Die Blätterteigtaler können gut eingefroren und tiefgekühlt bei 200 °C 6–8 Minuten aufgebacken werden.*

# Griechisches Käsegebäck

1 Mehl, Backpulver, Salz und Zucker verrühren. Butter in kleinen Stücken hinzufügen. Milch dazugeben, mit Handrührgerät mit Knethaken gut durcharbeiten, anschließend auf der Arbeitsfläche zu einem Teig verkneten.

2 Käse mit einer Gabel zerdrücken und unter den Teig kneten und auf der bemehlten Arbeitsfläche portionsweise nicht zu dünn ausrollen.

3 Runde Platten (Ø 6 cm) ausstechen und auf ein mit Backpapier belegtes Backblech (nicht zu dicht) legen.

4 Das Backblech in den Backofen schieben und die Platten backen, bis die Oberfläche goldbraun geworden ist.

**Ober-/Unterhitze:** 200–220 °C (vorgeheizt)
**Heißluft:** 180–200 °C (nicht vorgeheizt)
**Gas:** etwa Stufe 4 (vorgeheizt)
**Backzeit:** etwa 10 Minuten

5 Das Gebäck noch warm oder kalt servieren.

**Tips:** *Die Oberfläche des Gebäcks vor dem Backen mit verschlagenem Eigelb bestreichen und mit Sesam bestreuen.*
*Unter den Teig getrocknete Kräuter, wie z. B. Thymian, Oregano oder Rosmarin, kneten.*
*Die Teigplatten vor dem Backen statt mit Sesam mit zerkrümeltem Schafskäse bestreuen und mit Olivenöl beträufeln.*
*Das Käsegebäck hält sich in einer luftdicht verschlossenen Dose einige Tage frisch; es kann gegebenenfalls auch nochmals bei 180 °C (Heißluft: etwa 160 °C, Gas: etwa Stufe 3) 3–4 Minuten aufgebacken werden.*

**Zutaten**

**etwa 45 Stück**

**250 g Weizenmehl**
**2 TL Backpulver**
**Salz**
**1 EL Zucker**
**100 g Butter**
**7–8 EL Milch**
**100 g Feta-Käse**

**Zubereitungszeit:**
60 Minuten

**Pro Stück:**
E: 1 g, F: 2 g, Kh: 5 g,
kJ: 197, kcal: 47

*PREISWERT*

# Mini-Calzone

**Zutaten**

**15 Stück**

**Für den Hefeteig:**
**300 g Weizenmehl**
**1 Pck. Trockenhefe**
**1 TL Zucker**
**1 TL Salz**
**1 EL Speiseöl**
**200 ml lauwarmes Wasser**

**Für die Füllung:**
**1 Zwiebel**
**1 EL Speiseöl**
**1 Zucchini (200 g)**
**150 g Mailänder Salami**
**80 g geraspelter Käse, z. B. Gouda**

**Zubereitungszeit:**
85 Minuten

**Pro Stück:**
E: 7 g, F: 5 g, Kh: 15 g, kJ: 589, kcal: 141

*RAFFINIERT*

1 Für den Teig Mehl in eine Rührschüssel sieben, mit Trockenhefe sorgfältig mischen. Zucker, Salz, Öl und Wasser hinzufügen. Die Zutaten mit Handrührgerät mit Knethaken zunächst auf niedrigster, dann auf höchster Stufe in etwa 5 Minuten zu einem Teig verarbeiten. Den Teig zugedeckt so lange an einem warmen Ort stehen lassen, bis er sich sichtbar vergrößert hat.

2 Für die Füllung Zwiebel abziehen und würfeln. Öl erhitzen, die Zwiebelwürfel darin andünsten.

3 Die Enden der Zucchini abschneiden, Zucchini waschen, trockentupfen, grob raspeln und mit den Zwiebelwürfeln vermischen. Salami in Würfel schneiden.

4 Den gegangenen Teig leicht mit Mehl bestäuben, aus der Schüssel nehmen, auf der Arbeitsfläche nochmals kurz durchkneten, den Teig dünn ausrollen, runde Platten (Ø 10 cm) ausstechen.

5 Die eine Hälfte jeder Platte mit etwas Zucchinimasse und einigen Salamiwürfeln belegen, die andere Teighälfte darüberklappen. Die Taschen gut an den Rändern andrücken, auf ein mit Backpapier belegtes Backblech legen (aus dem restlichen Teig längliche Brötchen formen, mit auf das Backblech legen).

6 Die Taschen mit lauwarmem Wasser bestreichen, mit Käse bestreuen und nochmals an einem warmen Ort stehen lassen, bis sie sich sichtbar vergrößert haben.

**Ober-/Unterhitze:** 200–220 °C (vorgeheizt)
**Heißluft:** 180–200 °C (nicht vorgeheizt)
**Gas:** Stufe 3–4 (vorgeheizt)
**Backzeit:** etwa 15 Minuten

**Tip:** *Statt der Zucchini 150 g gewürfelten Schafskäse mit in die Füllung geben.*

# Oliven mit Speck-Käse-Mantel

**Zutaten**

**24 Stück**

**24 große, grüne Oliven**
**24 geschälte Mandeln**
**12 dünne Scheiben milder Schinkenspeck oder Bacon**
**8 dünne Scheiben holländischer Edamer**
**1 TL gerebelter Thymian**
**8 Kopfsalatblätter**

**Zubereitungszeit:**
25 Minuten

**Pro Stück:**
E: 5 g, F: 16 g, Kh: 1 g,
kJ: 759, kcal: 181

*RAFFINIERT*

1 Oliven abspülen, abtropfen lassen und mit einem Kirschentkerner entsteinen.

2 Jede Olive mit einer Mandel füllen.

3 Speckscheiben längs halbieren und nebeneinander auf die Arbeitsfläche legen.

4 Käsescheiben längs in Drittel schneiden und auf den Speck legen. Käse mit etwas Thymian bestreuen. Die Oliven darin einwickeln.

5 Den Backofenrost mit Alufolie überziehen oder ein Backblech mit Backpapier auslegen und die Oliven mit der offenen Speckscheibe nach unten darauf legen. In den Backofen schieben.

**Ober-/Unterhitze:** etwa 250 °C (vorgeheizt)
**Heißluft:** etwa 230 °C (nicht vorgeheizt)
**Gas:** etwa Stufe 6 (vorgeheizt)
**Bratzeit:** etwa 6 Minuten

6 Salatblätter abspülen, trockentupfen und eine Servierplatte damit auskleiden. Die Oliven darauf anrichten und sofort servieren.

**Tips:** *Die Oliven können auch etwa 6 Minuten unter dem Grill knusprig gebraten werden, dann zwischendurch wenden.*
*Statt der mit Mandeln gefüllten Oliven können auch entsteinte Backpflaumen, die evtl. in Cognac eingelegt wurden, verwendet werden.*

# Gemüseecken mit Käseguß

**Zutaten**

**60 Stück**

**Für den Hefeteig:**
**300 g Weizenmehl**
**20 g frische Hefe**
**1 TL Zucker**
**200 ml lauwarmes Wasser**
**1 TL Salz**
**1 Msp. frisch gemahlener Pfeffer**
**4 EL Speiseöl**

**Für den Belag:**
**3 Eier**
**Salz**
**frisch gemahlener Pfeffer**
**300 g Crème fraîche**
**125 ml (⅛ l) Schlagsahne**
**1 TL Weizenmehl**
**2 EL gehackte Kräuter, z. B. Schnittlauch, Petersilie, Kresse, Dill**
**200 g geriebener Emmentaler**
**2 Stangen Porree (Lauch)**
**1 rote Paprikaschote**
**1 Dose (140 g) Gemüsemais**
**3 EL Speiseöl**

**Zubereitungszeit:**
70 Minuten

**Pro Stück:**
E: 2 g, F: 5 g, Kh: 5 g,
kJ: 319, kcal: 76

*FÜR GÄSTE*

1 Für den Teig Mehl in eine Rührschüssel sieben, eine Mulde hineindrücken. Zerbröckelte Hefe, Zucker und etwas Wasser in die Mulde geben, mit etwas Mehl vom Rand zu einem Vorteig verrühren. Die Schüssel zudecken und den Vorteig an einem warmen Ort etwa 10 Minuten gehen lassen.

2 Alle übrigen Teigzutaten zum Vorteig hinzugeben und mit Handrührgerät mit Knethaken in 5 Minuten zu einem glatten Teig verarbeiten, ihn an einem warmen Ort gehen lassen, bis er sich sichtbar vergrößert hat.

3 Für den Belag Eier, Salz, Pfeffer, Crème fraîche, Sahne, Mehl und Kräuter verrühren. Käse unterheben.

4 Porree putzen, waschen und in Ringe schneiden. Paprika halbieren, entkernen, die weißen Scheidewände entfernen, Paprika waschen und in Streifen schneiden.

5 Öl erhitzen, Porree und Paprika etwa 10 Minuten dünsten, mit Salz und Pfeffer würzen, Mais unterheben.

6 Den Teig auf einem gefetteten Backblech (38 x 28 cm) ausrollen, das Gemüse darauf verteilen. Einen Alufolienstreifen davor legen. Den Käse-Eier-Guß über das Gemüse gießen. Nochmals 5–10 Minuten gehen lassen.

7 Das Backblech in den Backofen schieben.

**Ober-/Unterhitze:** etwa 200 °C (vorgeheizt)
**Heißluft:** etwa 180 °C (nicht vorgeheizt)
**Gas:** etwa Stufe 4 (vorgeheizt)
**Backzeit:** etwa 20 Minuten

8 Den Gemüsekuchen in Rechtecke von etwa 8 x 4 cm schneiden und lauwarm servieren.

**Tip:** *Zucchini, Champignons, Kirschtomaten oder Broccoli können wahlweise auch verwendet werden.*

# Kümmelstangen

**1** Mehl in eine Schüssel sieben, Käse und Butter hinzufügen und zu einem glatten Teig verarbeiten. Etwa 30 Minuten kalt stellen.

**2** Teig auf der bemehlten Arbeitsfläche ½ cm dick ausrollen. 8 cm lange und 2 cm breite Streifen daraus schneiden. Streifen an beiden Enden entgegengesetzt drehen und auf ein gefettetes Backblech legen.

**3** Eigelb und Milch verschlagen, Stangen damit einstreichen und mit Kümmel bestreuen. Das Backblech in den Backofen schieben.

**Ober-/Unterhitze:** 180–200 °C (vorgeheizt)
**Heißluft:** 160–180 °C (nicht vorgeheizt)
**Gas:** Stufe 3–4 (vorgeheizt)
**Backzeit:** etwa 10 Minuten

**Tip:** *Kalte Kümmelstangen 2 Minuten bei 200 °C aufbacken.*

**Zutaten**

150 g Weizenmehl
150 g geriebener, mittelalter Gouda
150 g Butterflöckchen
1 Eigelb
2 EL Milch
3 TL Kümmelsamen

**Zubereitungszeit:**
75 Minuten

**Insgesamt:**
E: 57 g, F: 176 g, Kh: 118 g,
kJ: 9952, kcal: 2378

*PREISWERT*

# Blätterteig-Käse-Spiralen

**1** Blätterteig zugedeckt bei Zimmertemperatur auftauen lassen. Käse mit Paprika und Pfeffer vermischen.

**2** Die Blätterteigscheiben mit der Käsemasse bestreuen und übereinanderlegen. Das Teigpaket zu einem Rechteck (15 x 25 cm) ausrollen und in 20 Stangen schneiden.

**3** Die Blätterteigstangen an den Enden gegengleich zu Spiralen drehen und auf ein mit kaltem Wasser besprenkeltes Backblech legen.

**Ober-/Unterhitze:** 200–220 °C (vorgeheizt)
**Heißluft:** 180–200 °C (nicht vorgeheizt)
**Gas:** Stufe 4–5 (vorgeheizt)
**Backzeit:** etwa 15 Minuten

**Zutaten**

20 Stück

1 Pck. (450 g) TK-Blätterteig
150 g geriebener Höhlenkäse
Paprika edelsüß
grob gemahlener Pfeffer

**Zubereitungszeit:**
25 Minuten, ohne Auftauzeit

**Pro Stück:**
E: 3 g, F: 8 g, Kh: 8 g,
kJ: 498, kcal: 119

# Mohn- und Käsetaler

**Zutaten**

**50 Stück**

**10 quadratische TK-Blätterteigscheiben (450 g)**
**2 EL Milch**
**1 Eigelb**
**100 g Mohn-Backmasse**
**100 g geriebener Emmentaler**
**2 EL gehackte Petersilie**
**1 Eigelb**

**Zubereitungszeit:**
35 Minuten

**Pro Stück:**
E: 1 g, F: 3 g, Kh: 3 g,
kJ: 189, kcal: 45

*PREISWERT*

1 Blätterteig zugedeckt bei Zimmertemperatur auftauen lassen. Die Teigplatten mit Milch verquirltem Eigelb bestreichen.

2 Jeweils 5 Scheiben Blätterteig zu einem Rechteck leicht ausrollen.

3 Auf einem Rechteck Mohn-Backmasse verteilen, das andere mit Käse und Petersilie bestreuen. Die Teigplatten von der längeren Seite her so aufrollen, daß kleine Lücken entstehen und in 2 cm dicke Scheiben schneiden (evtl. vor dem Schneiden kalt stellen).

4 Mohn- und Käsetaler auf ein mit Backpapier belegtes Backblech legen und mit Milch verquirltem Eigelb bestreichen. Das Backblech in den Backofen schieben.

**Ober-/Unterhitze:** etwa 200 °C (vorgeheizt)
**Heißluft:** etwa 180 °C (nicht vorgeheizt)
**Gas:** etwa Stufe 3 (vorgeheizt)
**Backzeit:** etwa 12 Minuten

# Pizzatoast

**Zutaten**

**16 Stück**

**8 Scheiben Toastbrot**
**40 g weiche Butter**
**frisch gemahlener Pfeffer**
**8 Cocktailtomaten (etwa 150 g)**
**8 kleine dünne Scheiben Salami**
**4 Scheiben gekochter Schinken**
**150 g Pikantje von Gouda**
**4 Sardellenfilets**
**2 TL Kapern**
**8 gefüllte Oliven, in Scheiben geschnitten**
**einige Thymian- und Basilikumblättchen zum Garnieren**

**Zubereitungszeit:**
30 Minuten

**Pro Stück:**
E: 9 g, F: 9 g, Kh: 7 g, kJ: 637, kcal: 152

*SCHNELL*

1 Toastbrote rösten, rund ausstechen (Ø 4–5 cm – wer sich Zeit und Brotreste ersparen will, schneidet die Toastbrotscheiben in Viertel). Toastbrot mit Butter bestreichen und mit Pfeffer bestreuen.

2 Tomaten waschen, halbieren, die Stengelansätze herausschneiden, Tomaten in Scheiben schneiden und auf die Brotscheiben legen.

3 Acht Brotscheiben mit Salamischeiben belegen, die vier restlichen mit je ½ Scheibe Schinken.

4 Käse fein würfeln oder raspeln und auf alle Brote verteilen. Sardellenfilets unter fließendem kaltem Wasser abspülen, trockentupfen und halbieren.

5 Die Schinkentoasts mit Kapern und Sardellenfilets belegen, die Salamitoasts mit Olivenscheiben garnieren. Die Toasts auf ein mit Backpapier belegtes Backblech legen und in den Backofen schieben.

**Ober-/Unterhitze:** etwa 200 °C (vorgeheizt)
**Heißluft:** etwa 180 °C (nicht vorgeheizt)
**Gas:** etwa Stufe 4 (vorgeheizt)
**Backzeit:** etwa 8 Minuten

6 Die Pizzatoasts mit Kräuterblättchen bestreut servieren.

**Tip:** *Der Belag kann ganz nach Belieben variiert werden, z. B. mit gekochtem Schinken oder Thunfisch oder als vegetarische Variante mit Tomate, Oregano und Mozzarellawürfeln oder Kräuter-Crème fraîche, geriebenem Käse und vorgedünsteten Broccoliröschen.*

# Italienische Kräutertaschen

**Zutaten**

30 Stück

**Für den Teig:**
250 g Weizenmehl
1 gestr. TL Backpulver
3 EL gehackte, gemischte Kräuter, z. B. Petersilie, Oregano, Basilikum
100 g Butter
1 TL Salz
1 TL Essig
4–5 EL Wasser

**Für die Füllung:**
150 g Cabanossi
1 Bund Basilikum
2 EL Schlagsahne
200 g Doppelrahm-Frischkäse

**Zum Bestreichen:**
1 Eiweiß
1 Eigelb
1 EL Wasser

100 g frisch geriebener Parmesan zum Bestreuen

**Zubereitungszeit:**
60 Minuten

**Pro Stück:**
E: 5 g, F: 6 g, Kh: 6 g, kJ: 445, kcal: 106

*RAFFINIERT*

1 Für den Teig Mehl mit Backpulver mischen, in eine Rührschüssel sieben, die restlichen Zutaten hinzufügen, mit Handrührgerät mit Knethaken zunächst kurz auf niedrigster, dann auf höchster Stufe gut durcharbeiten, anschließend auf der Arbeitsfläche zu einem glatten Teig verkneten. Sollte er kleben, ihn eine Zeitlang kalt stellen (20–30 Minuten).

2 Für die Füllung Cabanossi fein würfeln, die Basilikumblättchen von den Stengeln zupfen, abspülen und in feine Streifen schneiden. mit der Sahne unter den Frischkäse rühren.

3 Den Teig auf einer leicht bemehlten Arbeitsfläche etwa 2 mm dick ausrollen und mit einem Teigrädchen 8 x 8 cm große Quadrate ausschneiden.

4 In die Mitte der Quadrate je einen gut gehäuften Teelöffel der Füllung geben.

5 Die Teigränder mit verquirltem Eiweiß bestreichen, die Quadrate zu Dreiecken zusammenklappen und die Ränder fest andrücken. Die Teigtaschen auf ein mit Backpapier belegtes Backblech legen, mit dem verquirltem Eigelb bestreichen und mit Parmesan bestreuen. In den Backofen schieben und goldgelb backen.

**Ober-/Unterhitze:** etwa 180°C (vorgeheizt)
**Heißluft:** etwa 160°C (nicht vorgeheizt)
**Gas:** etwa Stufe 3 (vorgeheizt)
**Backzeit:** etwa 20 Minuten

**Tips:** *Die Kräutertaschen können warm oder kalt serviert werden. Um die Kräutertaschen gut vorbereiten zu können, sie nur etwa 15 Minuten backen und dann kurz vor dem Servieren noch einige Minuten bei 200 °C aufbacken.*
*Statt Cabanossi und Frischkäse Salami- und Mozarellawürfel für die Füllung nehmen.*

# Käseschnecken

1 Mehl mit Backpulver mischen, auf die Arbeitsfläche sieben, in die Mitte eine Vertiefung eindrücken. Käse Eiweiß und Eigelb hineingeben, mit einem Teil des Mehls zu einem dicken Brei verarbeiten.

2 Butter oder Margarine in Stücke schneiden, mit Mandeln auf den Brei geben, mit Mehl bedecken, von der Mitte aus alle Zutaten schnell zu einem glatten Teig verkneten, sollte er kleben, ihn eine Zeitlang kalt stellen. Den Teig in 2 gleich große Teile teilen, 2 Rechtecke in der Größe von 28 x 24 cm ausrollen.

3 Eigelb mit Milch verschlagen, die Teigplatten damit bestreichen, jede mit der Hälfte des Parmesans bestreuen, jede von der längeren Seite her fest aufrollen, die Rollen so lange kalt stellen, bis sie schnittfest sind.

4 Die Teigrollen in ½ cm dicke Scheiben schneiden, diese auf ein gefettetes Backblech legen und in den Backofen schieben.

**Ober-/Unterhitze:** 180–200 °C (vorgeheizt)
**Heißluft:** 160–180 °C (nicht vorgeheizt)
**Gas:** Stufe 3–4 (vorgeheizt)
**Backzeit:** etwa 12 Minuten

**Zutaten**

**80–90 Stück**

**150 g Weizenmehl**
**1 gestr. TL Backpulver**
**100 g geriebener, alter Schweizer oder Holländer Käse**
**1 Eiweiß**
**½ Eigelb**
**100 g kalte Butter oder Margarine**
**50 g abgezogene, gemahlene Mandeln**
**1 Eigelb**
**1 EL Milch**
**25 g geriebener Parmesan**

**Zubereitungszeit:**
35 Minuten

**Pro Stück:**
E: 1 g, F: 2 g, Kh: 1 g,
kJ: 102, kcal: 24

*GUT VORZUBEREITEN*

# Kleine Käsetartes

**Zutaten**

**40 Stück**

**450 g (10 Scheiben) TK-Blätterteig**
**Butter oder Margarine zum Einfetten**
**100 g Magerquark**
**1 Becher (150 g) Crème fraîche**
**100 g Blauschimmelkäse**
**2 Eier**
**1 Bund Schnittlauch**
**Salz**
**frisch gemahlener Pfeffer**
**1 Eigelb**
**40 Raukeblättchen**

**Zubereitungszeit:**
70 Minuten

**Pro Stück:**
E: 2 g, F: 5 g, Kh: 4 g, kJ: 316, kcal: 76

*VEGETARISCH*

1 Blätterteig zugedeckt bei Zimmertemperatur auftauen lassen.

2 Je 1 Blätterteigscheibe in eine gut gefettete Tarteform (Ø 10 cm) geben, so daß die Ecken überlappen.

3 Quark, Crème fraîche, Blauschimmelkäse und zwei Eier glattrühren.

4 Schnittlauch abspülen, trockentupfen, in Röllchen schneiden und in die Käsemasse geben. Mit Salz und Pfeffer abschmecken.

5 Die Füllung auf die Tarteformen verteilen und die Teigecken oben zusammendrücken. Die Tartes mit verquirltem Eigelb bestreichen. Die Tarteformen auf dem Rost in den Backofen schieben.

**Ober-/Unterhitze:** etwa 200 °C (vorgeheizt)
**Heißluft:** etwa 180 °C (nicht vorgeheizt)
**Gas:** etwa Stufe 3 (vorgeheizt)
**Backzeit:** 25–30 Minuten

6 Die Mini-Tartes aus der Form nehmen, etwas abkühlen lassen und jedes Törtchen vierteln. Jeweils mit einem Raukeblättchen und Zahnstocher servieren.

**Tip:** *Die Käsetartes können auch in kleineren Förmchen zubereitet werden, dann brauchen sie nicht geviertelt werden. Es können auch, wenn die Käsetartes nicht speziell für Vegetarier zubereitet werden, Schinkenspeckwürfel in die Füllung gegeben werden.*

# Gefüllte Käsewindbeutelchen

**Zutaten**

**etwa 35 Stück**

**Für den Brandteig:**
**125 ml (⅛ l) Wasser**
**1 Prise Salz**
**25 g Butter oder Margarine**
**75 g Weizenmehl**
**15 g Speisestärke**
**2–3 Eier, ½ TL Backpulver**
**100 g geraspelter Emmentaler**

**Für die Frischkäse-Schinken-Füllung:**
**200 g Doppelrahm-Frischkäse**
**1 Becher (150 g) Crème fraîche**
**Salz, Pfeffer**
**100 g roher Schinken**
**Paprika edelsüß**

**Für die Tomatenfüllung:**
**4 Tomaten (320 g)**
**400 g Frühlingsquark**
**Schnittlauch**

**Zubereitungszeit:**
80 Minuten

**Pro Stück:**
E: 4 g, F: 7 g, Kh: 4 g,
kJ: 394, kcal: 94

*RAFFINIERT – FÜR GÄSTE*

1 Für den Brandteig Wasser, Salz und Butter (am besten in einem Stieltopf) zum Kochen bringen. Mehl mit Speisestärke mischen, sieben, auf einmal in die von der Kochstelle genommene Flüssigkeit schütten, zu einem glatten Kloß rühren und unter Rühren etwa 1 Minute erhitzen.

2 Den heißen Kloß in eine Schüssel geben, nach und nach Eier mit Handrührgerät mit Knethaken auf höchster Stufe unterarbeiten (die Anzahl der Eier hängt von der Beschaffenheit des Teiges ab, er muß stark glänzen und so von einem Löffel abreißen, daß lange Spitzen hängenbleiben).

3 Backpulver in den erkalteten Teig arbeiten, zuletzt Emmentaler unterheben. Den Teig mit 2 Teelöffeln in walnußgroßen Häufchen auf ein gefettetes, mit Mehl bestäubtes Backblech setzen. Das Blech in den Backofen schieben.

**Ober-/Unterhitze:** 200–220 °C (vorgeheizt)
**Heißluft:** 160–180 °C (nicht vorgeheizt)
**Gas:** Stufe 4–5 (vorgeheizt)
**Backzeit:** etwa 20 Minuten

4 Sofort nach dem Backen von jedem Windbeutel einen Deckel abschneiden und das Gebäck auskühlen lassen.

5 Für die Frischkäse-Schinken-Füllung Frischkäse und Crème fraîche verrühren, mit Salz und Pfeffer abschmecken.

6 Schinken in feine Würfel schneiden und unterrühren. Die Windbeutel damit füllen, Deckel wieder auflegen und mit Paprika bestäuben.

7 Für die Tomatenfüllung Tomaten waschen, trockentupfen, Stengelansätze herausschneiden, Tomaten in dünne Scheiben schneiden und auf den Windbeutelunterteilen verteilen. Jeweils 2 Teelöffel Frühlingsquark darauf geben und mit Schnittlauch garnieren.

# Käse-Schinken-Hörnchen

**Zutaten**

**20 Stück**

**Für den Quark-Öl-Teig:**
**250 g Weizenmehl**
**1 Pck. Backpulver**
**125 g Magerquark**
**50 ml Milch**
**50 ml Speiseöl**
**1 Ei**
**½ gestr. TL Salz**

**Für die Füllung:**
**10 Scheiben (200 g) gekochter Schinken**
**10 Scheiben (150 g) Gouda**
**1 Eigelb**
**1 EL Milch**
**2 EL Sesamsamen oder grober Pfeffer**

**Zubereitungszeit:**
50 Minuten

**Pro Stück:**
E: 8 g, F: 9 g, Kh: 11 g,
kJ: 709, kcal: 169

*FÜR KINDER*

1 Für den Teig Mehl mit Backpulver mischen und in eine Rührschüssel sieben. Quark, Milch, Öl, Ei und Salz hinzufügen. Die Zutaten mit Handrührgerät mit Knethaken auf höchster Stufe in etwa 1 Minute verarbeiten (nicht zu lange, der Teig klebt sonst). Anschließend auf der bemehlten Arbeitsfläche zu einer Rolle formen.

2 Den Teig in 2 Portionen zu einem Rechteck von je 25 x 12 cm ausrollen. Die Teigrechtecke mit Hilfe eines Lineals und einem Messer in 10 Dreiecke schneiden, die beiden äußeren Dreiecke zu einem Dreieck zusammenlegen, so daß 20 Dreiecke entstehen.

3 Für die Füllung Schinken und Käse in Größe der Dreiecke schneiden und jedes Teigdreieck mit je 1 Käse- und Schinkenscheibe belegen. Die Teigdreiecke von der breiten Seite her zu Hörnchen aufrollen und auf ein mit Backpapier belegtes Backblech legen.

4 Eigelb mit Milch verschlagen, die Hörnchen damit bestreichen, mit Sesam oder Pfeffer bestreuen und das Backblech in den Backofen schieben.

**Ober-/Unterhitze:** 180–200 °C (vorgeheizt)
**Heißluft:** 160–180 °C (nicht vorgeheizt)
**Gas:** Stufe 3–4 (vorgeheizt)
**Backzeit:** etwa 20 Minuten

5 Die Teighörnchen mit Sesamsamen und gestoßenem Pfeffer bestreuen.

**Tip:** *Die Hörnchen können auch sehr gut eingefroren werden, falls welche übrigbleiben. Praktisch ist es auch, sie ein paar Tage vor dem Verzehr zuzubereiten, einzufrieren und einige Stunden bevor sie serviert werden, aufzutauen und dann kurz aufzubacken.*

# Empanadillas

## Spanische Teigtäschchen

1 Für den Teig Mehl mit Maismehl, Butter, Ei, Wasser, Meersalz zu einem festen Teig verkneten und bei Zimmertemperatur etwa 30 Minuten ruhen lassen.

2 Für die Füllung Zwiebel und Knoblauch abziehen und fein würfeln. Fleischtomaten kurze Zeit in heißes Wasser legen (nicht kochen lassen), abschrecken, enthäuten, Stengelansätze entfernen, Tomaten in Würfel schneiden.

3 Oliven halbieren, entsteinen, fein hacken. Parmesan oder Pecorino fein reiben.

4 Zwiebelwürfel in Olivenöl andünsten, Knoblauch, Tomatenwürfel, Oliven, Keimlinge und Tomatenmark dazugeben und verrühren. In etwa 10 Minuten zu einer sämigen Masse dünsten lassen.

5 Mit Käse, Peperoni und Petersilie verrühren und abschmecken.

6 Den Teig etwa 5 mm dick ausrollen, 12 Kreise von etwa 10 cm Durchmesser ausstechen, die Füllung jeweils in die Mitte geben, Ränder mit Wasser bestreichen.

7 Kreise zu Halbkreisen zusammenklappen und Ränder andrücken, Oberfläche mit Wasser bestreichen. Die Teigtäschchen auf ein gefettetes Backblech legen und in den Backofen schieben.

**Ober-/Unterhitze:** 200–220 °C (vorgeheizt)
**Heißluft:** 180–200 °C (nicht vorgeheizt)
**Gas:** etwa Stufe 4 (vorgeheizt)
**Backzeit:** 15–20 Minuten

8 Die Empanadillas heiß oder kalt servieren.

**Zutaten**

**12 Stück**

**Für den Teig:**
**200 g Weizenvollkornmehl**
**100 g Maismehl**
**150 g kalte Butter**
**1 Ei**
**5–6 EL Wasser**
**½ TL Meersalz**

**Für die Füllung:**
**1 Zwiebel**
**2 Knoblauchzehen**
**2 Fleischtomaten (400 g)**
**10 schwarze Oliven**
**100 g Parmesan oder Pecorino**
**2 EL Olivenöl**
**1 Tasse (250 ml) rote Bohnenkeimlinge oder Alfalfakeimlinge**
**2 EL Tomatenmark**
**1 gehackte Peperoni**
**2 EL gehackte Petersilie**
**Meersalz**
**frisch gemahlener Pfeffer**

**Zubereitungszeit:**
80 Minuten

**Pro Stück:**
E: 8 g, F: 16 g, Kh: 19 g,
kJ: 1129, kcal: 269

*KLASSISCH*

# Strudeltaschen

**Zutaten**

36 Stück

**Für den Strudelteig:**
250 g Weizenmehl
1 Prise Salz
100 ml lauwarmes Wasser
1 kleines Ei
1 EL Speiseöl

**Für die Füllung:**
500 g Auberginen
3 EL Speiseöl
60 g Salami
2 Knoblauchzehen
Salz
frisch gemahlener,
schwarzer Pfeffer
50 g zerlassene Butter

**Zubereitungszeit:**
70 Minuten

**Pro Stück:**
E: 2 g, F: 3 g, Kh: 6 g,
kJ: 256, kcal: 61

RAFFINIERT

1 Für den Teig Mehl in eine Rührschüssel sieben. Salz, Wasser, Ei und Öl hinzufügen. Die Zutaten mit Handrührgerät mit Knethaken zunächst kurz auf niedrigster, dann auf höchster Stufe gut durcharbeiten.

2 Anschließend auf der Arbeitsfläche zu einem glatten Teig verkneten. Den Teig auf Backpapier in einen heißen, trockenen Kochtopf legen (vorher Wasser darin kochen), mit einem Deckel verschließen, etwa 30 Minuten ruhen lassen.

3 Für die Füllung Auberginen putzen, waschen, abtrocknen und in sehr kleine Würfel schneiden. Öl erhitzen, die Auberginenwürfel kurz darin anbraten.

4 Salami fein würfeln. Knoblauch abziehen, zerdrücken, beide Zutaten zu den Auberginen geben, mit Salz und Pfeffer würzen und abkühlen lassen.

5 Den Teig auf einem bemehlten großen Tuch (Küchentuch) zu einem Rechteck (60 x 30 cm) ausrollen (evtl. in 2 Portionen ausrollen), in 36 Quadrate (5 x 5 cm) schneiden, etwas Füllung auf jede Hälfte eines Teigstückes geben, dann jeweils die andere Teighälfte über die Füllung klappen und die Ränder gut andrücken.

6 Die Taschen auf ein gefettetes Backblech legen, mit etwas Butter bestreichen. Während des Backens mit der restlichen Butter bestreichen.

**Ober-/Unterhitze:** 180–200 °C (vorgeheizt)
**Heißluft:** 160–180 °C (nicht vorgeheizt)
**Gas:** Stufe 3–4 (vorgeheizt)
**Backzeit:** etwa 20 Minuten

7 Die Strudeltaschen lauwarm servieren oder kurz vor dem Servieren wieder aufbacken.

# Knusperoliven

(Foto)

**Zutaten**

**30 Stück**

**150 g Weizenmehl (Type 550)**
**125 g kalte Butter**
**250 g geriebener Gouda**
**Salz**
**Paprika edelsüß**
**200 g paprikagefüllte Oliven**

**Zubereitungszeit:**
60 Minuten, ohne Kühlzeit

**Pro Stück:**
E: 2 g, F: 7 g, Kh: 4 g,
kJ: 369, kcal: 88

*GUT VORZUBEREITEN*

1 Mehl in eine Schüssel sieben, mit Butter, Gouda, Salz und Paprika schnell zu einem glatten Teig verkneten und etwa 1 Stunde in Folie gewickelt im Kühlschrank ruhen lassen.

2 Oliven in einem Sieb abtropfen lassen.

3 Teig zu Rollen mit etwa 5 cm Durchmesser formen, etwa 1 cm dicke Scheiben abschneiden, in jede Scheibe eine Olive eindrücken, Teig darumlegen und zwischen den Handflächen zu einer kirschgroßen Kugel rollen. Auf ein mit Backpapier belegtes Backblech legen.

**Ober-/Unterhitze:** etwa 220 °C (vorgeheizt)
**Heißluft:** etwa 200 °C (nicht vorgeheizt)
**Gas:** Stufe 4–5 (vorgeheizt)
**Backzeit:** etwa 20 Minuten

4 Nach Belieben in jede Knusperolive einen Zahnstocher stecken, heiß oder kalt servieren.

# Spanische Salzmandeln

**Zutaten**

**8 Portionen**

**400 g Mandeln (mit Schale)**
**250 ml (¼ l) Olivenöl, Salz**

**Zubereitungszeit:**
30 Minuten, ohne Trockenzeit

**Pro Portion:**
E: 10 g, F: 34 g, Kh: 3 g,
kJ: 1656, kcal: 395

1 Mandeln in kochendes Wasser geben, das Wasser wieder zum Kochen bringen, etwa 15 Sekunden lang kochen lassen, abgießen, mit kaltem Wasser übergießen und die Schale abziehen. Die Mandeln über Nacht trocknen lassen.

2 Öl in einem kleinen Topf erhitzen und die Mandeln portionsweise darin goldbraun fritieren. Auf Küchenpapier abtropfen lassen und mit Salz bestreut servieren.

**Tip:** *Zu diesen Tapas paßt gut ein Glas Sherry oder ein Glas Cava-Sekt.*

# Käse

## Käse-Roulade

**Zutaten**

**Etwa 30 Stück**

**Für den Teig:**
**50 g Butter**
**50 g Weizenmehl**
**250 ml (¼ l) Milch**
**150 g geriebener Bergkäse**
**4 Eigelb**
**Salz, Pfeffer**
**geriebene Muskatnuß**
**4 Eiweiß**

**Für die Füllung:**
**je 1 gelbe und grüne Paprikaschote**
**2 Bund Schnittlauch**
**300 g Doppelrahm-Frischkäse**
**Cayennepfeffer**
**50 g geriebener Bergkäse**

**Zubereitungszeit:**
60 Minuten

**Pro Portion:**
E: 4 g, F: 8 g, Kh: 2 g,
kJ: 421, kcal: 101

*VEGETARISCH*

1 Für den Teig Butter in einem Topf zerlassen, Mehl hinzufügen und goldgelb andünsten. Mit Milch ablöschen, einmal kurz aufkochen, dann Käse darin schmelzen.

2 Eigelb unter die Milch-Käse-Masse rühren, die Masse mit Salz, Pfeffer und Muskat würzen.

3 Eiweiß zu steifem Schnee schlagen und unterheben. Die Teigmasse auf ein mit Backpapier belegtes Backblech verteilen und glattstreichen.

**Ober-/Unterhitze:** etwa 180 °C (vorgeheizt)
**Heißluft:** etwa 160 °C (nicht vorgeheizt)
**Gas:** Stufe 2–3 (vorgeheizt)
**Backzeit:** etwa 15 Minuten

4 Die Teigplatte leicht abkühlen lassen. Für die Füllung Paprika halbieren, entstielen, entkernen, die weißen Scheidewände entfernen, Schoten waschen und in kleine Würfel schneiden. Schnittlauch abspülen, trockentupfen und in feine Röllchen schneiden.

5 Frischkäse mit Paprika und Schnittlauch verrühren, mit Salz, Pfeffer und Cayennepfeffer abschmecken.

6 Den Käseteig quer halbieren, jeweils mit der Käse-Paprika-Masse bestreichen. Mit dem Backpapier zu zwei kleinen Rouladen aufrollen. Die Rouladen mit Käse bestreuen und kurz unter dem Grill gratinieren.

7 Die Rouladen in Scheiben geschnitten anrichten.

# Käse- und Oliven-Canapés

(Foto)

**Zutaten**

**24 Stück**

**300 g Doppelrahm-Frischkäse**
**4 EL Schlagsahne**
**30 g weiche Butter**
**1 TL Paprikapulver edelsüß**
**Salz, Pfeffer**
**12 Cräcker**
**12 Pumpernickeltaler**
**24 mit Mandeln und Paprika gefüllte Oliven**

**Zubereitungszeit:**
30 Minuten

**Pro Stück:**
E: 2 g, F: 9 g, Kh: 4 g,
kJ: 482, kcal: 115

1 Frischkäse mit Sahne, Butter, Paprika, Salz und Pfeffer zu einer cremigen Masse verrühren.

2 Die Käsecreme in einen Spritzbeutel mit Sterntülle füllen und auf Cräcker und Pumpernickeltaler Rosettten spritzen.

3 Mit gefüllten Oliven und Schnittlauchröllchen garnieren, mit je einem Stick versehen und anrichten.

**Abwandlung:** *150 g Roquefort-Käse und 150 g saure Sahne pürieren, mit Pfeffer abschmecken und 1 Eßöffel kleingehackte Kapern unterrühren. Die Masse in einen Spritzbeutel mit großer Lochtülle füllen und auf die Cräcker und Pumpernickel spritzen. Nach Belieben mit Kapern garnieren.*

**Tip:** *Die Canapés mit 1 Eßlöffel Schnittlauchröllchen garnieren.*

# Parmesangebäck

**Zutaten**

**40 Stück**

**250 g Weizenmehl**
**3 gestr. TL Backpulver**
**250 g Magerquark**
**250 g weiche Butter**
**Kondensmilch**
**50 g geriebener Parmesan**

**Zubereitungszeit:**
60 Minuten

**Pro Portion:**
E: 2 g, F: 6 g, Kh: 5 g,
kJ: 341, kcal: 82

1 Mehl, Backpulver, Quark und Butter mit Handrührgerät mit Knethaken zu einem Knetteig verarbeiten.

2 Den Teig (evtl. vorher kühlen) etwa ½ cm dick ausrollen, mehrfach übereinanderschlagen und wieder ausrollen. Das Ausrollen 2–3 mal wiederholen.

3 Aus der ½ cm dicken Teigplatte entweder Rauten schneiden oder Kreise ausstechen. Die Teigstücke auf ein mit kaltem Wasser abgespültes Backblech legen, mit Kondensmilch bestreichen und mit Parmesan bestreuen.

**Ober-/Unterhitze:** 200–220 °C (vorgeheizt)
**Heißluft:** 180–200 °C (nicht vorgeheizt)
**Gas:** Stufe 3–4 (vorgeheizt)
**Backzeit:** etwa 10 Minuten

# Käsetrüffel

**Zutaten**

**14 Stück**

**125 g weiche Butter**
**125 g geriebener Gouda**
**etwa 5 Scheiben Pumpernickel**

**Zubereitungszeit:**
25 Minuten

**Pro Stück:**
E: 3 g, F: 10 g, Kh: 4 g,
kJ: 513, kcal: 123

*SCHNELL*

1 Butter mit Handrührgerät mit Rührbesen gut verrühren. Nach und nach Käse hinzufügen, dann kalt stellen.

2 Aus der festgewordenen Masse 14 kleine Kugeln formen.

3 Pumpernickel fein reiben, die Kugeln darin wenden. Die Käsetrüffel auf einer Platte anrichten und bis zum Servieren kalt stellen.

**Tip:** *Statt Gouda Schafskäse verwenden und 2 abgezogene, zerdrückte Knoblauchzehen hinzufügen.*

# Ziegenfrischkäsekugeln

**Zutaten**

**20 Stück**

**300 g Ziegenfrischkäse**
**Salz, Pfeffer**
**½ TL Tabascosauce**
**2 EL gehackte Kräuter, z. B. Petersilie, Majoran, Basilikum**
**blaue und grüne kernlose Weintrauben**

**Zubereitungszeit:**
25 Minuten

**Pro Stück:**
E: 2 g, F: 4 g, Kh: 1 g,
kJ: 227, kcal: 55

*SCHNELL*

1 Ziegenfrischkäse mit Salz, Pfeffer, Tabascosauce und Kräuter verrühren, kleine Kugeln formen, etwas flachdrücken.

2 Weintrauben gründlich waschen, trockentupfen, kreuzweise etwa 1 cm tief einschneiden.

3 Weintrauben und Frischkäsekugeln mit Holzspießen (Zahnstochern) feststecken.

**Tip:** *Nach Belieben können die Ziegenfrischkäsekugeln auf Cräcker gesetzt werden oder mit Pumpernickeltalern festgesteckt werden.*

# Oliven-Schafskäse-Happen

1 Brotscheiben vierteln. Schafskäse in der Größe der Brotscheiben schneiden und auf das Brot legen.

2 Oliven halbieren, entsteinen und auf den Käse legen. Rosmarinzweig kalt abspülen, trockentupfen und Nadeln abzupfen.

3 Gefüllte Oliven in Scheiben schneiden. Die Happen mit Olivenscheiben und Rosmarinnadeln garnieren.

**Tip:** *Die Olivenscheiben mit Holzspießchen festgesteckt garnieren.*

**Zutaten**

**20 Stück**

**5 Scheiben dunkles Vollkornbrot**
**300 g fester Schafskäse**
**20 schwarze Oliven**
**1 Zweig frischer Rosmarin**
**4 gefüllte grüne Oliven**

**Zubereitungszeit:**
20 Minuten

**Pro Stück:**
E: 3 g, F: 4 g, Kh: 5 g,
kJ: 284, kcal: 68

*SCHNELL – FÜR GÄSTE*

# Schafskäse-Tomaten-Häppchen

1 Brotscheiben leicht toasten und jede Scheibe in 4 Stücke schneiden.

2 Auf jedes Brotstück ein Raukeblatt und ein Käsewürfel legen. Das Tomatenstück auf den Käse legen und ein Holzspießchen hineinstecken und servieren.

**Tip:** *Statt getrockneter Tomaten können auch in Scheiben geschnittene Cocktailtomaten genommen werden.*

**Zutaten**

**20 Stück**

**5 Scheiben Graubrot**
**20 Raukeblätter**
**20 Würfel griechischer Schafskäse**
**20 eingelegte, getrocknete Tomaten**

**Zubereitungszeit:**
20 Minuten

**Pro Stück:**
E: 2 g, F: 2 g, Kh: 4 g,
kJ: 195, kcal: 47

*SCHNELL – RAFFINIERT*

# Käsespieße mit Zucchini und Bacon

(Foto)

**Zutaten**

**20 Stück**

**200 g milder Schafskäse**
**2 kleine Zucchini**
**200 g Bacon (Frühstücksspeck)**
**4 EL Sonnenblumenkerne**
**1 Bund frischer Thymian**

**Zubereitungszeit:**
35 Minuten

**Pro Stück:**
E: 3 g, F: 9 g, Kh: 1 g,
kJ: 435, kcal: 104

1 Schafskäse in etwa 1 x 1 cm große Würfel schneiden.

2 Zucchini waschen, trockentupfen, die Enden abschneiden, Zucchini der Länge nach in sehr dünne Scheiben schneiden.

3 Sonnenblumenkerne auf jeweils eine Scheibe Bacon streuen, eine Zucchinischeibe und einen Würfel Schafskäse darauf legen, mit etwas Thymian bestreuen und aufrollen.

4 Jedes Röllchen mit einem kleinen Holzspieß (z. B. Zahnstocher) verschließen und in einer beschichteten Pfanne kroß ausbraten.

# Mozzarella-Sardellen-Spieße

**Zutaten**

**30 Stück**

**250 g Mozzarella**
**100 g Sardellenfilets (aus dem Glas)**
**200 g grüne Oliven ohne Stein**

**Zubereitungszeit:**
25 Minuten

**Pro Stück:**
E: 3 g, F: 3 g, Kh: 1 g,
kJ: 179, kcal: 43

1 Mozzarella in 30 Würfel schneiden. Sardellen evtl. etwas wässern, trockentupfen.

2 Oliven mit Sardellen umwickeln. Jeweils ein Käsewürfel und eine Olive auf ein Holzspießchen stecken.

**Tips:** *Statt Mozzarella kann auch Schafskäse verwendet werden. Den Mozzarella vorher eine Zeitlang in Kräuteröl marinieren.*

# Mozzarella im Schinkenhemd

**Zutaten**

**16 Stück**

**250 g Mozzarella**
**125 g Parmaschinken**
**3–5 Frühlingszwiebeln oder**
**1 Bund Schnittlauch**
**Basilikumblättchen**

**Zubereitungszeit:**
30 Minuten

**Pro Stück:**
E: 4 g, F: 4 g, Kh: 0 g,
kJ: 234, kcal: 56

*RAFFINIERT – FÜR GÄSTE*

1 Käse in knapp fingerdicke Streifen schneiden. Jeden Streifen mit einer längs doppelt gefalteten Scheibe Schinken umwickeln, so daß oben und unten noch ein Stück Käse sichtbar bleibt.

2 Den Schinken mit einem Frühlingszwiebelstreifen oder einem abgespülten Schnittlauchhalm umwickeln und ein Basilikumblättchen einbinden.

**Tip:** *Die Mozzarella im Schinkenhemd auf einer Platte mit Salatblättern und Tomatenwürfeln anrichten.*

# Mozzarellaspieße

**Zutaten**

**12 Stück**

**12 Mini-Mozzarellakugeln (250 g)**
**12 Cocktailtomaten**
**24 Basilikumblätter**

**Zubereitungszeit:**
15 Minuten

**Pro Stück:**
E: 4 g, F: 4 g, Kh: 1 g,
kJ: 272, kcal: 65

*SCHNELL*

1 Mozzarella abtropfen lassen, Tomaten entstielen, waschen und halbieren.

2 Basilikumblätter abspülen, trockentupfen.

3 Mozzarellakugeln, Cocktailtomaten und Basilikumblätter abwechselnd auf Holzspießchen stecken.

**Tip:** *Dazu Pesto servieren. Für selbstgemachtes Pesto 100 g frische Basilikumblätter abspülen und trockentupfen. 6 Knoblauchzehen abziehen, beide Zutaten mit 100 g geriebenem Parmesan, 200 ml Olivenöl und 75 g Pinienkernen im Mixer pürieren. Pesto gibt es auch fertig zu kaufen.*

# Basilikumcreme auf Cräckern

**Zutaten**

**24 Stück**

**250 g Butterkäse**
**1 Bund Basilikum**
**80 g weiche Butter**
**Cayennepfeffer**
**Curry**
**24 Cräcker**
**12 Cocktailtomaten**

**Zubereitungszeit:**
15 Minuten

**Pro Stück:**
E: 3 g, F: 5 g, Kh: 3 g,
kJ: 332, kcal: 79

*RAFFINIERT*

1 Butterkäse fein raspeln. Basilikum abspülen, trockentupfen und die Blättchen von den Stengeln zupfen, Basilikum in Streifen schneiden.

2 Butter cremig rühren, mit Basilikumstreifen und Käseraspeln vermischen. Mit Cayennepfeffer und Curry pikant würzen.

3 Mit einem Teelöffel je einen Klacks auf einen Kräcker geben und in die Mitte jeweils 1 halbe Cocktailtomate und ein Basilikumblättchen.

**Tip:** *Die Käsecreme kann schon am Vortag zubereitet werden und wird dann kurz vor dem Verzehr auf die Cräcker gegeben. Die fertig zubereiteten Cräcker sollten nicht zu lange stehen, da die Cräcker dann durchweichen.*

**Abwandlung:** *250 g Schafskäse und 300 g gegarte Broccoli fein pürieren, mit Salz und Pfeffer würzen und auf die Cräcker geben. Mit Broccoliröschen garnieren.*

# Käsewaffeln

**Zutaten**

**40 Stück**

**200 g Weizenmehl**
**50 g Speisestärke**
**2 gestr. TL Backpulver**
**4 Eier**
**125 ml (⅛ l) Milch**
**frisch gemahlener Pfeffer**
**Paprika edelsüß**
**150 g zerlassene, abgekühlte Margarine**

1 Mehl, Speisestärke und Backpulver in eine Rührschüssel sieben. Eier, Milch, Pfeffer und Paprika verschlagen und nach und nach unter das Mehlgemisch rühren (dabei darauf achten, daß keine Klümpchen entstehen). Margarine unterrühren.

2 Käse reiben, Schinken in feine Streifen schneiden. Paprika halbieren, entstielen, entkernen, die weißen Scheidewände entfernen, Schoten waschen und in kleine Würfel schneiden.

**3** Käse, Schinken, Paprika und Schnittlauch unter den Teig rühren und ihn etwa 15 Minuten ruhen lassen.

**4** Jeweils 1–2 Eßlöffel Teig in ein gut gefettetes, erhitztes Waffeleisen füllen. Die Waffeln goldbraun backen und einzeln auf einem Kuchenrost erkalten lassen. Waffeln in einzelne Herzen teilen, quadratische Waffeln vierteln.

**Tip:** *Mit Dip reichen, z. B. 1 Becher (125 g) Kräuter-Crème fraîche mit 150 g Joghurt verrühren, mit Salz und Pfeffer abschmecken. 2 Eßlöffel Schnittlauchröllchen unterrühren.*

**100 g Gruyère-Käse**
**100 g roher Schinken**
**1 rote Paprika**
**2 EL Schnittlauchröllchen**

**Zubereitungszeit:**
50 Minuten

**Pro Stück:**
E: 3 g, F: 4 g, Kh: 5 g,
kJ: 292, kcal: 70

*RAFFINIERT*

# Limburger-Toast in Eikruste

**1** Limburger längs in je 4 gleichmäßige Scheiben schneiden. 4 Brotscheiben mit 2 Scheiben Limburger belegen. Mit Senf bestreichen, die Zwiebelwürfel darüberstreuen und mit Paprika bestreuen. Die restlichen 4 Brotscheiben darauf legen und gut andrücken.

**2** Eier verquirlen, mit Pfeffer, Salz und Muskat würzen.

**3** Die Brote halbieren und in den verquirlten Eiern wenden. Die Eimasse soll gut einziehen.

**4** Butterschmalz in einer Pfanne erhitzen, die Käsebrote darin bei mäßiger Hitze goldgelb ausbacken.

**5** Die Käsetoasts mit Petersilie und Estragon bestreut servieren.

**Tips:** *Statt Limburger-Käse kann auch Harzer Roller oder Mozzarella genommen werden. Die Käsewürfel vor dem Braten in Semmelbrösel wenden. Nach Belieben die Toasts zweimal halbieren.*

**Zutaten**

**8 Stück**

**2 kleine Limburger (insgesamt 200 g)**
**8 Scheiben Toastbrot**
**1 EL Senf**
**2 EL feingewürfelte Zwiebel**
**Paprikapulver**
**4 Eier**
**frisch gemahlener Pfeffer**
**Salz**
**geriebene Muskatnuß**
**120 g Butterschmalz zum Braten**
**je 2 EL feingehackte Petersilie und Estragon**

**Zubereitungszeit:**
25 Minuten

**Pro Stück:**
E: 12 g, F: 19 g, Kh: 14 g,
kJ: 1214, kcal: 290

*SCHNELL – PREISWERT*

# Bunte Kaasspießchen mit fruchtigen Dips

**Zutaten**

**60 Stück**

**200 g Ziegenkäse**
**200 g Maasdamer**
**200 g Holland-Gouda**
**250 g Weintrauben (helle und dunkle)**
**100 g Erdbeeren**

**Für den Himbeer-Dip:**
**250 g Himbeeren**
**frisch gemahlener Pfeffer**
**3–4 TL Puderzucker**
**1 EL Himbeergeist oder weißer Rum**

**Für den Kiwi-Dip:**
**300 g Kiwi**
**1–2 TL Zitronensaft**
**1–2 EL heller Portwein oder Sherry**

**Pfefferminzblättchen**

**Zubereitungszeit:**
60 Minuten

**Pro Stück:**
E: 5 g, F: 5 g, Kh: 5 g,
kJ: 400, kcal: 96

*GUT VORZUBEREITEN*

1 Käsesorten in 2 x 2 cm große Würfel schneiden, mit gewaschenen Weintrauben und Erdbeeren (eventuell halbieren) auf Spießchen stecken, auf einer Platte anrichten.

2 Für den Himbeer-Dip Himbeeren verlesen, durch ein Sieb streichen, mit Pfeffer, Puderzucker und Himbeergeist oder Rum abschmecken.

3 Für den Kiwi-Dip Kiwis schälen, in Stücke schneiden, mit dem Schneidstab pürieren, mit Zitronensaft, Pfeffer und Portwein oder Sherry abschmecken.

4 Die Dips mit Pfefferminzblättchen garnieren und zu den Kaasspießchen reichen.

**Beilage:** *Frisches Baguette oder Pumpernickeltaler und einen kräftigen Rotwein.*

**Tip:** *Je nach Saison können die Obstsorten für die Kaasspießchen variieren, besonders Ananasstückchen, Melonenkugeln oder Mandarinenspalten eignen sich gut. Wenn es einmal schneller gehen soll, können die Käsespieße auch ohne die Fruchtsaucen gereicht werden.*

# Käsetörtchen

**Zutaten**

**30 Stück**

**5 (225 g) TK-Blätterteig-platten**

**Für die Füllung:**
**125 g Schweizer Käse**
**100 g Schinkenspeck**
**1 mittelgroße Tomate**
**1 Ei**
**125 ml (⅛ l) Schlagsahne**

**Zubereitungszeit:**
75 Minuten

**Pro Stück:**
E: 16 g, F: 48 g, Kh: 15 g,
kJ: 2383, kcal: 570

*RAFFINIERT*

1 Blätterteig zugedeckt bei Zimmertemperatur auftauen lassen und dann übereinander legen und dünn ausrollen.

2 Für 30 kleine Papierförmchen Kreise von gut 5 cm Durchmesser ausstechen.

3 Für die Füllung Käse und Schinkenspeck in sehr feine Würfel schneiden. Tomate waschen, den Stengelansatz herausschneiden, die Tomate vierteln, entkernen, das Fruchtfleisch fein würfeln, mit Ei und Sahne verrühren. Käse- und Schinkenwürfel unterheben.

4 Den ausgestochenen Teig in die Papierförmchen geben, die Füllung darauf verteilen und die Förmchen auf ein Backblech setzen und in den Backofen schieben.

**Ober-/Unterhitze:** 180–200 °C (vorgeheizt)
**Heißluft:** 160–180 °C (nicht vorgeheizt)
**Gas:** Stufe 3–4 (vorgeheizt)
**Backzeit:** etwa 15 Minuten

**Tips:** *3–4 Papierförmchen ineinander stellen, damit sie den Käsetörtchen mehr Halt bieten. Die Törtchen können gut eingefroren werden, d. h. sie können auch einige Tage vorher zubereitet werden. Die Törtchen eine Stunde vor Verzehr auftauen lassen und etwa 5 Minuten bei 180 °C (Heißluft: 160 °C, Gas: etwa Stufe 3) aufbacken. Dann aber die Käsetörtchen vorher etwas heller backen.*

**Abwandlung:** *Die Füllung in fertig gekaufte Mürbeteigtörtchen füllen, dann etwa 20 Minuten bei etwa 160 °C (Heißluft: etwa 140 °C, Gas: etwa Stufe 3) backen.*

# Fleisch

## Vitello tonnato

| Zutaten |
|---|
| 40 Stück |
| |
| 600 g mageres Kalbfleisch |
| 2 l Salzwasser |
| 2 Lorbeerblätter |
| 4 Nelken |
| 2 abgezogene Zwiebeln |
| |
| Für die Thunfischsauce: |
| 2 Dosen (à 185 g Abtropfgewicht) Thunfisch |
| Saft von 1–2 Zitronen |
| 150 g Mayonnaise |
| 1 Becher (150 g) Crème fraîche |
| 2 EL Kapern |
| Salz |
| frisch gemahlener Pfeffer |

**Zubereitungszeit:**
2 ½ Stunden, ohne Abkühlzeit

**Pro Stück:**
E: 5 g, F: 6 g, Kh: 1 g, kJ: 331, kcal: 79

*DAUERT LÄNGER – GUT VORZUBEREITEN*

1 Kalbfleisch unter fließendem kalten Wasser abspülen, mit Lorbeerblättern, Nelken und geviertelten Zwiebeln ins kochende Salzwasser geben und etwa 1 ½ Stunden in schwach kochendem Wasser garen lassen. Das Fleisch nach der Garzeit in dem Sud erkalten lassen.

2 Für die Sauce Thunfisch gut abtropfen lassen, mit Zitronensaft pürieren. Mit Mayonnaise und Crème fraîche verrühren.

3 Ein Eßlöffel Kapern fein hacken und mit Salz und Pfeffer unter die Masse rühren.

4 Das Fleisch aus der Brühe nehmen, trockentupfen und in sehr dünne Scheiben schneiden (am besten mit einer Aufschnittmaschine).

5 Die Sauce auf die Scheiben streichen, mit einigen Kapern bestreuen. Das Fleisch aufrollen und auf einer Platte anrichten.

**Tip:** *Dazu Baguette in Scheiben reichen. Nach Belieben können die Röllchen dann mit oder ohne Brot verzehrt werden.*

# Lammkebab mit Tomaten-Salsa

**Zutaten**

**12 Stück**

**Für die Tomaten-Salsa:**
**500 g reife Tomaten**
**2 mittelgroße Zwiebeln**
**2 Knoblauchzehen**
**1 Frühlingszwiebel**
**1 Chilischote**
**1–2 EL Weißweinessig**
**½ TL Salz**
**1 EL Chilisauce**
**Tabasco**

**2 Zwiebeln**
**1 Topf Minze**
**500 g Lammfleisch ohne Knochen (Keule oder Rücken)**
**2 Knoblauchzehen**
**4 EL Olivenöl**
**Salz**
**frisch gemahlener Pfeffer**

**Zubereitungszeit:**
etwa 40 Minuten, ohne Marinierzeit

**Pro Stück:**
E: 8 g, F: 10 g, Kh: 2 g, kJ: 581, kcal: 139

*RAFFINIERT*

1 Für die Tomaten-Salsa Tomaten kurze Zeit in kochendes Wasser legen (nicht kochen lassen), mit kaltem Wasser abschrecken, enthäuten, Stengelansätze entfernen, Tomaten in Würfel schneiden.

2 Zwiebeln und Knoblauch abziehen und fein hacken. Frühlingszwiebeln putzen, waschen und in feine Röllchen schneiden. Chilischoten halbieren, entkernen, abspülen und fein würfeln.

3 Die vier Zutaten mit den Tomatenwürfeln vermischen. Mit Essig, Salz, Chilisauce und Tabasco abschmecken.

4 Zwiebeln schälen, vierteln und auseinander blättern.

5 Minzezweige unter fließendem kaltem Wasser abspülen, trockentupfen und fein hacken.

6 Lammfleisch in grobe Würfel schneiden, anschließend abwechselnd mit Zwiebeln auf Zahnstocher reihen (je 1 Stückchen Fleisch und 2 Zwiebelblätter).

7 Spieße in eine flache Schüssel legen, mit zerdrücktem Knoblauch und Minze bestreuen, mit Olivenöl beträufeln, im Kühlschrank mehrere Stunden ziehen lassen.

8 Die Spieße rundherum braten und mit Salz und Pfeffer würzen. Die Tomaten-Salsa in einem extra Schälchen dazu reichen.

# Spareribs mit feuriger Honigglasur

1 Spareribs in 16 Stücke teilen (evtl. einmal längs und einmal quer halbieren), unter fließendem kaltem Wasser abspülen, trockentupfen, mit Pfeffer, Paprika und Majoran würzen, mit Öl bestreichen.

2 Rippchen auf ein mit Alufolie belegtes Backblech legen und in den Backofen schieben. Zwischendurch immer wieder mit dem Fett bestreichen.

**Ober-/Unterhitze:** etwa 200 °C (vorgeheizt)
**Heißluft:** etwa 180 °C (nicht vorgeheizt)
**Gas:** Stufe 3–4 (vorgeheizt)
**Bratzeit:** etwa 35 Minuten

3 Knoblauch abziehen, mit Salz zu einer Paste zerreiben und mit Zitronenschale vermischen. Chilischote halbieren, entkernen, waschen und fein hacken, mit der Knoblauch-Zitronenpaste, Ketchup, Öl und Honig verrühren und mit Weinbrand abschmecken. Mit Pfeffer und Paprika würzen.

4 Die Spareribs nach etwa 20 Minuten mit der Masse bestreichen und fertigbraten.

5 Die Spareribs mit Schnittlauch bestreut servieren.

**Tip:** *Die Spareribs vor der Zubereitung in eine Rotwein-Marinade einlegen. Dafür 125 ml (⅛ l) Rotwein, 4 Eßlöffel Rotweinessig, 6 Eßlöffel Olivenöl und je 2 Zweige Salbei, Thymian und Estragon verrühren und die Spareribs etwa 24 Stunden darin marinieren. Spareribs dann gut abgetrocknet weiterverarbeiten. Evtl. können die Spareribs auch beim Metzger zerkleinert werden.*

**Zutaten**

**16 Stück**

**1 kg Spareribs (Schälrippchen vom Schwein)**
**frisch gemahlener Pfeffer**
**Paprika edelsüß**
**gerebelter Majoran**
**4 EL Speiseöl**

**Für die Honigglasur:**
**2 Knoblauchzehen**
**1 TL Salz**
**1 TL geriebene Zitronenschale (unbehandelt)**
**1 Chilischote**
**2 EL Tomatenketchup**
**3 EL Olivenöl**
**2 EL Honig**
**1–2 EL Weinbrand**
**2 EL feingeschnittener Schnittlauch**

**Zubereitungszeit:**
45 Minuten

**Pro Stück:**
E: 12 g, F: 13 g, Kh: 2 g,
kJ: 785, kcal: 187

PREISWERT

# Gefülltes Partybrot

**Zutaten**

**12 Stück**

**1 kleines Weißbrot vom Vortag (etwa 250 g)**
**150 g Doppelrahm-Frischkäse**
**1 EL Tomatenmark**
**1 EL Remoulade**
**100 g magerer gekochter Schinken**
**1 kleine Frühlingszwiebel**
**1 Bund Schnittlauch**
**1 kleine Gewürzgurke**
**Salz**
**frisch gemahlener, weißer Pfeffer**

**Zubereitungszeit:**
40 Minuten, ohne Kühlzeit

**Pro Stück:**
E: 4 g, F: 4 g, Kh: 8 g,
kJ: 131, kcal: 31

GUT VORZUBEREITEN – FÜR GÄSTE

1 Von dem Weißbrot ein Viertel abschneiden, beide Teile aushöhlen, so daß ein Rand von 1 ½ cm stehen bleibt.

2 Frischkäse mit Tomatenmark und Remoulade zu einer glatten Creme rühren. Schinken in kleine Würfel schneiden. Frühlingszwiebel mit Grün putzen, waschen, abtropfen lassen und sehr fein schneiden.

3 Schnittlauch waschen, trockentupfen, in feine Röllchen schneiden. Gewürzgurke abtropfen lassen, in feine Würfel schneiden.

4 Die vier Zutaten unter die Creme rühren, mit Salz, Pfeffer, Paprika abschmecken und die Masse in die Brotteile füllen.

5 Die Teile zusammensetzen, mit Alufolie umwickeln, etwa 3 Stunden in den Kühlschrank legen und vor dem Servieren mit einem scharfen Messer in Scheiben schneiden.

**Tips:** *Statt einem Weißbrot 2 Baguettes füllen. Dazu Tomatenketchup und Oliven reichen. Nach Belieben das Brotinnere mit in die Käsecreme füllen.*

**Abwandlung:** *400 g Thüringer Mett mit 1 Teelöffel Kapern mischen. Je ½ rote und grüne Paprikaschote fein würfeln und untermischen. Die Füllung in das Brot füllen und etwa 2 Stunden in den Kühlschrank legen.*

# Chicken wings

**Zutaten**

**16 Stück**

**16 Hähnchenflügel**
**Salz, Pfeffer**
**50 g Butterschmalz**

**Zubereitungszeit:**
30 Minuten

**Pro Stück:**
E: 16 g, F: 5 g, Kh: 0 g,
kJ: 509, kcal: 122

1 Hähnchenflügel unter fließendem kalten Wasser abspülen, trockentupfen und mit Salz und Pfeffer bestreuen.

2 Butterschmalz in einer Pfanne erhitzen, die Hähnchenflügel darin anbraten, bei mittlerer Hitze zugedeckt etwa 20 Minuten schmoren lassen.

**Tip:** *Dazu einen Knoblauch-Dip reichen: Für den Dip 150 g saure Sahne, 150 g Joghurt, 3 EL Crème fraîche, Salz, frisch gemahlener Pfeffer, 1 abgezogene, zerdrückte Knoblauchzehe, 1 Bund feingehackter Dill und 50 g geröstete Sonnenblumenkerne verrühren. Die Hähnchenflügel mit Servietten servieren.*

# Hähnchenwürfel in Petersiliensauce

**Zutaten**

**26 Stück**

**4 Hähnchenbrustfilets (à 125 g)**
**2 EL Speiseöl**
**Salz, Pfeffer**
**2 Bund glatte Petersilie**
**5 Knoblauchzehen**
**100 ml Olivenöl**
**2 EL Sherry, 2 EL Sherryessig**
**etwas Cayennepfeffer**
**1 Prise Zucker**

**Zubereitungszeit:**
35 Minuten, ohne Durchziehzeit

**Pro Stück:**
E: 5 g, F: 5 g, Kh: 0 g,
kJ: 279, kcal: 66

1 Hähnchenbrustfilets kalt abspülen, trockentupfen, in mundgerechte Würfel schneiden und portionsweise in erhitztem Öl rundherum anbraten. Salzen und pfeffern.

2 Petersilie von den Stengeln zupfen, Blätter abspülen, trockentupfen. Knoblauch abziehen und etwas zerhacken. Petersilie und Knoblauch mit Öl zu einer feinen Paste pürieren. Sherry und Sherryessig hinzufügen, mit Salz, Pfeffer, Cayennepfeffer und Zucker abschmecken.

3 Hähnchenbrustfiletstücke noch warm mit der Sauce mischen und gut durchziehen lassen (am besten über Nacht).

4 In die Fleischwürfel jeweils ein Zahnstocher stecken und anrichten.

# Mini-Burger „Madras“

**Zutaten**

12 Stück

600 g Gehacktes (halb Rind-, halb Schweinefleisch)
Salz
frisch gemahlener Pfeffer

Für die Sauce:
4 EL Speiseöl oder Butter zum Braten
1 kleine Zwiebel, in Würfel geschnitten
1 kleine Banane, in Würfel geschnitten
1 TL Currypulver
200 ml Schlagsahne
etwas Ananassaft

12 kleine Hamburger Brötchen
6 kleine Scheiben Ananas (aus der Dose)

**Zubereitungszeit:**
30 Minuten

**Pro Stück:**
E: 13 g, F: 22 g, Kh: 21 g, kJ: 1474, kcal: 352

*RAFFINIERT*

1 Gehacktes in eine Schüssel geben, mit Salz und Pfeffer würzen, gut verkneten und 12 kleine Hamburger daraus formen (das geht am besten mit nassen Händen).

2 Zwei Eßlöffel Öl oder Butter in einem kleinen Topf erhitzen, Zwiebel und Bananenwürfel darin anschwitzen, mit Curry abstäuben, mit Sahne und Ananassaft etwa 10 Minuten unter gelegentlichem Umrühren etwas einkochen lassen.

3 Hamburger Brötchen halbieren und im Backofen bei 100 °C (Heißluft: etwa 80 °C, Gas: etwa Stufe 2) 6–8 Minuten erwärmen.

4 Das geformte Hackfleisch und Ananasscheiben in restlichem Öl 8–10 Minuten braten. Das gebratene Fleisch auf die unteren Brötchenhälften legen, mit je einer halben Ananasscheibe belegen, etwas Currysauce darübergeben und mit der zweiten Brötchenhälfte bedecken. Restliche Currysauce extra reichen.

**Tips:** *Wer die Hamburger noch kleiner mag, nimmt etwa 16 Suppenbrötchen und formt 16 Frikadellen. Dann Ananasstücke verwenden. Statt Hackfleisch kann auch Thüringer Mett genommen werden. Dies ist allerdings schon gewürzt. Schön sieht es aus, noch je 2 Eßlöffel rote und grüne Paprikawürfel unter die Fleischmasse zu kneten und ein Salatblatt unter das Fleisch zu legen.*

# Tatar-Häppchen

**Zutaten**

**20 Stück**

**3 Schalotten**
**2 Cornichons**
**1 Eigelb**
**250 g Tatar**
**Salz**
**1 EL Kapern**
**1 TL scharfer Senf**
**frisch gemahlener Pfeffer**
**Paprika edelsüß**
**3–4 große Friséesalatblätter**
**20 Pumpernickeltaler**
**50 g Butter**
**3 Cocktailtomaten**

**Zubereitungszeit:**
20 Minuten

**Pro Stück:**
E: 4 g, F: 3 g, Kh: 4 g,
kJ: 256, kcal: 61

*SCHNELL*

1 Schalotten abziehen und zusammen mit Cornichons in kleine Würfel schneiden. Cornichonwürfel, Eigelb, die Hälfte der Schalottenwürfel und Tatar vermengen. Mit Salz, Kapern, Senf, Pfeffer und Paprika abschmecken.

2 Friséeblätter unter fließendem kalten Wasser abspülen, trockentupfen und in kleine Stücke teilen. Pumpernickelscheiben mit Butter bestreichen, Salatblätter darauflegen und darauf die Tatarmischung geben.

3 Cocktailtomaten waschen und vierteln. Tomatenviertel zusammen mit den restlichen Schalottenwürfeln auf die Häppchen verteilen.

**Tip:** *Tatar noch am gleichen Tag verwenden.*

**Abwandlung:** *Aus 400 g Thüringer Mett etwa 20 kleine Bällchen formen, in 3 Eßlöffeln Speiseöl rundherum anbraten, dann abkühlen lassen. Von einer Salatgurke 20 Scheiben abschneiden, das Gurkeninnere etwas aushöhlen. 200 g Schafskäse mit gut 1 Eßlöffel Ajvar (fertig gekauftes Paprikamus) gut verrühren, mit etwas Pfeffer abschmecken und in die Mitte der Gurken geben. Je ein Fleischbällchen auf die Gurkenscheibe setzen und mit einem Holzspießchen feststecken.*

# Hähnchenbrust-Häppchen

(Foto)

**Zutaten**

**10 Stück**

**5 Scheiben Weizenbrot**
**300 g Hähnchenbrustfilet**
**frisch gemahlener Pfeffer**
**2 EL Speiseöl**
**4 EL Mayonnaise**
**1 TL Curry, Salz**
**Zitronensaft**
**2 Zweige glatte Petersilie**

**Zubereitungszeit:**
20 Minuten

**Pro Stück:**
E: 10 g, F: 5 g, Kh: 12 g,
kJ: 577, kcal: 138

1 Brotscheiben halbieren und toasten. Hähnchenbrustfilet kalt abspülen und trockentupfen.

2 Öl erhitzen, Hähnchenbrustfilet von beiden Seiten darin etwa 10 Minuten goldbraun braten, auf Küchenpapier abtropfen lassen und in Scheiben schneiden.

3 Mayonnaise mit Curry, Salz und Zitronensaft verrühren. Mayonnaise auf die Brotscheiben streichen, mit je 2 Scheiben Filet belegen.

4 Petersilie abspülen, trockentupfen und Blätter von den Stengeln zupfen. Blätter dekorativ auf die Häppchen legen.

# Sesam-Hähnchen-Häppchen

**Zutaten**

**20 Stück**

**4 Hähnchenbrustfilets (à 125 g)**
**Salz, Pfeffer**
**8 EL Speiseöl**
**100 g Sesamsamen**
**150 g Doppelrahm-Frischkäse**
**2 EL Mango-Chutney**
**1–2 TL Zitronensaft**
**20 Baguettescheiben**

**Zubereitungszeit:**
35 Minuten

**Pro Stück:**
E: 9 g, F: 10 g, Kh: 10 g,
kJ: 722, kcal: 173

*RAFFINIERT*

1 Hähnchenbrustfilet unter fließendem kaltem Wasser abspülen, trockentupfen, mit Salz und Pfeffer bestreuen, mit 4 Eßlöffeln Öl bestreichen, in Sesam wenden und in dem restlichen Öl bei schwacher Hitze etwa 12 Minuten goldbraun braten.

2 Das Fleisch etwas abkühlen lassen, schräg in 20 Scheiben schneiden.

3 Frischkäse mit Mango-Chutney pürieren, mit Zitronensaft, Salz und Pfeffer abschmecken.

4 Baguettescheiben nach Belieben toasten, mit Hähnchenbrustfiletscheiben belegen, die Frischkäsecreme in einen Spritzbeutel füllen und auf das Fleisch spritzen.

**Tip:** *Häppchen mit Mangospalten garnieren.*

# Käse-Fleisch-Bällchen

**Zutaten**

**16 Stück**

**500 g Gehacktes (halb Rind-, halb Schweinefleisch)**
**1 Zwiebel**
**1 Knoblauchzehe**
**1 Eigelb**
**1 Ei**
**½ TL Senf**
**Salz**
**frisch gemahlener Pfeffer**
**1 TL getrockneter Majoran**
**50 g Semmelbrösel**
**150 g Camembert**
**60 g Haferflocken**
**50 g Butterschmalz**
**2 EL Gurkenwürfelchen**
**2 EL rote Paprikawürfelchen**
**Radieschen**

**Zubereitungszeit:**
25 Minuten

**Pro Stück:**
E: 9 g, F: 5 g, Kh: 14 g,
kJ: 803, kcal: 192

*SCHNELL – FÜR KINDER*

1 Gehacktes in eine Schüssel geben. Zwiebel und Knoblauch abziehen, fein würfeln, zusammen mit Eigelb, Ei, Senf, Salz, Pfeffer, Majoran und Semmelbröseln zu dem Gehackten geben und gut durchkneten.

2 Camembert entrinden und in Würfel schneiden.

3 Aus je etwa 1 gehäuften Eßlöffel Fleischmasse 16 kleine Bällchen formen, in die Mitte ein Loch drücken, 1–2 Käsewürfel hineinstecken, wieder mit Fleisch verschließen.

4 Haferflocken in einen tiefen Teller geben, die Bällchen darin wenden.

5 Butterschmalz erhitzen, die Bällchen darin etwa 5 Minuten rundherum anbraten.

6 Nach Belieben mit Gurken- und Paprikawürfeln und Radieschenvierteln garnieren.

**Tip:** *Unter die Fleischmasse 1 Eßlöffel feingehackte Pistazienkerne und gemahlene Mandeln kneten. Zum Garnieren eignen sich auch eingelegte, getrocknete Tomaten, Artischockenherzen, Oliven, Perlzwiebeln oder Gurken. Praktisch ist es auch, je ein Käse-Fleisch-Bällchen mit etwas Garnierung mit einem Holzspießchen festzustecken.*

# Schneckenspieße mit Champignons

1 Schnecken in ein Sieb schütten, kurz unter fließendem kalten Wasser abspülen und gut abtropfen lassen.

2 Champignons putzen, mit Küchenpapier abreiben, evtl. abspülen.

3 Schnecken und Champignons auf 24 kleine Holzspießchen abwechselnd aufreihen, salzen, pfeffern, mit Kräutern der Provence bestreuen und in heißer Kräuterbutter etwa 5 Minuten braten.

**Tip:** *Die Schnecken mit ½ Scheibe Bacon (Frühstücksspeck) umwickeln und dann ohne Butter ausbraten.*

**Abwandlung:** *Die Schneckenspieße mit einer Kräutersauce servieren. Dazu 1 Eßlöffel Kapern fein hacken, mit 3 Eßlöffeln gemischten, gehackten Kräutern mischen. 1 Teelöffel Zitronensaft und 5 Eßlöffel Olivenöl unterrühren, mit Salz, Pfeffer und 1 Prise Zucker würzen. 4 Eßlöffel in Würfel geschnittene Tomaten unterheben.*

**Zutaten**

**24 Stück**

**48 Weinbergschnecken (aus der Dose)**
**48 kleine Champignons**
**Salz**
**frisch gemahlener Pfeffer**
**Kräuter der Provence**
**50 g Kräuterbutter**

**Zubereitungszeit:**
etwa 20 Minuten

**Pro Stück:**
E: 3 g, F: 2 g, Kh: 1 g,
kJ: 148, kcal: 35

*RAFFINIERT*

# Poor boys

(Foto)

**Zutaten**

16 Stück

4 Baguette-Brötchen
4 EL Mayonnaise
1 kleiner Kopfsalat
12 Scheiben gebratenes Roastbeef
12 Tomatenscheiben
grober Pfeffer, 1 Pck. Kresse

**Zubereitungszeit:**
20 Minuten

**Pro Stück:**
E: 34 g, F: 10 g, Kh: 47 g,
kJ: 1794, kcal: 429

1 Brötchen längs halbieren und toasten, anschließend mit Mayonnaise bestreichen.

2 Kopfsalat putzen, sorgfältig waschen, auf einem Sieb gut abtropfen lassen (oder in einer Salatschleuder trocken schleudern), Salat in Streifen schneiden.

3 Kopfsalatstreifen auf die unteren Brötchenhälften verteilen, mit je 3 Scheiben Roastbeef und 3 Scheiben Tomaten belegen, mit Pfeffer würzen und mit Kresse bestreuen.

4 Die Brötchenoberteile darauf legen. Am besten mit einem elektrischen Messer in je 4 Stücke schneiden.

**Tip:** *Mit Gewürzgurken garnieren.*

# Kalbsleber-Baguette

**Zutaten**

16 Stück

16 Scheiben Baguette
20 g Kräuterbutter
1 Bund Rauke
4 hartgekochte Eier, Salz
120 g Kalbsleberpastete
etwa Zitronensaft
Pfeffer, Majoran

**Zubereitungszeit:**
25 Minuten

**Pro Stück:**
E: 4 g, F: 6 g, Kh: 8 g,
kJ: 453, kcal: 108

*SCHNELL*

1 Baguettescheiben evtl. etwas toasten und mit Kräuterbutter bestreichen. Rauke putzen, waschen, trockentupfen und mehrere Blättchen auf den Baguettescheiben verteilen.

2 Eier pellen, in Scheiben schneiden und ebenfalls auf den Baguettescheiben verteilen. Mit Salz bestreuen.

3 Kalbsleberpastete mit Zitronensaft, Salz, Pfeffer und Majoran verrühren, in einen Spritzbeutel füllen und dekorativ auf die Eier spritzen.

**Tip:** *Nach Belieben mit halbierten Cocktailtomaten garnieren.*

# Vegetarisches

## Staudensellerie mit Roquefort

**Zutaten**

**16 Stück**

**4 Stengel Staudensellerie (etwa 200 g ohne Grün)**
**150 g Roquefort-Käse**
**6 EL Schlagsahne**
**grober Pfeffer**
**Paprikapulver edelsüß**
**einige Kräuterzweige, z. B. Kerbel**

**Zubereitungszeit:**
25 Minuten

**Pro Stück:**
E: 2 g, F: 5 g, Kh: 1 g, kJ: 235, kcal: 56

SCHNELL

1 Staudensellerie putzen, harte Fäden an der Außenseite der Stengel abziehen, die Stengel waschen und trockentupfen.

2 Käse mit einer Gabel zerdrücken. Sahne nach und nach unterrühren, so lange rühren, bis eine geschmeidige Masse entstanden ist.

3 Die Käsecreme in die Selleriestangen füllen und die Stangen in mundgerechte Stücke schneiden.

4 Ein Drittel der Stücke mit grobem Pfeffer bestreuen, ein Drittel mit Paprika bestäuben und die restlichen mit den Kräuterzweigen garnieren.

**Tip:** *Raffiniert ist es auch, einen Avocado-Dip in die Selleriestangen zu füllen. Dazu das Fruchtfleisch einer reifen Avocado mit 2 Teelöffeln Zitronensaft und 75 g Frischkäse pürieren. Mit Salz und Pfeffer und evtl. nach Belieben einer abgezogenen, zerdrückten Knoblauchzehe abschmecken. Allerdings müssen die Avocado gefüllten Selleriestangen sofort verzehrt werden, da sie schnell braun werden.*

# Gefüllte Tomaten

**Zutaten**

**24 Stück**

**100 g Langkornreis**
**24 kleine Tomaten**
**1 kleine, grüne Paprika-schote**
**½ Bund Frühlingszwiebeln**
**1 kleine Dose (140 g) Gemüsemais**
**2–3 EL Speiseöl**
**Salz**
**frisch gemahlener Pfeffer**

**Zubereitungszeit:**
40 Minuten

**Pro Stück:**
E: 1 g, F: 2 g, Kh: 6 g, kJ: 183, kcal: 44

PREISWERT – GUT VORZUBEREITEN

1 Reis nach Packungsaufschrift garen und erkalten lassen.

2 Tomaten waschen, trockentupfen, einen Deckel abschneiden und das Tomateninnere mit einem Teelöffel aushöhlen.

3 Paprika halbieren, entstielen, entkernen, die weißen Scheidewände entfernen, Schoten waschen und fein würfeln. Frühlingszwiebeln putzen, waschen und in feine Ringe schneiden.

4 Paprika, Frühlingszwiebeln und Mais unter den Reis mischen. Öl unterrühren und mit Salz und Pfeffer abschmecken.

5 Die Masse in die Tomaten füllen und den Deckel darauf legen.

**Tip:** *Die Tomaten können gut einige Stunden vor Verzehr zubereitet werden. Statt Mais können auch 100 g Käsewürfel unter die Masse gegeben werden.*

**Abwandlung:** *6 Stangen gegarten Spargel in sehr feine Scheiben schneiden. Aus 6 Eßlöffeln Olivenöl, 1 Teelöffel Dijon-Senf, 1 Eßlöffel Zitronensaft, Salz, Pfeffer und 1 Prise Zucker eine Vinaigrette zubereiten und den Spargel darin marinieren.*
*2 Eßlöffel gehackte, glatte Petersilie unterrühren und die ausgehöhlten Tomaten damit füllen.*

# Auberginenpaste auf Crostini

**Zutaten**

**24 Stück**

**1 mittelgroße Aubergine**
**100 g Schafskäse**
**3 Knoblauchzehen**
**4 EL Olivenöl**
**1–2 EL Zitronensaft**
**Salz**
**frisch gemahlener Pfeffer**
**½ Töpfchen Basilikum**
**6 EL Olivenöl**
**24 kleine Scheiben Weißbrot**
**2 EL Tomatenwürfel**

**Zubereitungszeit:**
45 Minuten

**Pro Stück:**
E: 3 g, F: 7 g, Kh: 11 g,
kJ: 499, kcal: 119

*RAFFINIERT*

1 Aubergine auf ein Backblech legen und das Blech in den Backofen schieben.

**Ober-/Unterhitze:** 200–220 °C (vorgeheizt)
**Heißluft:** 180–200 °C (nicht vorgeheizt)
**Gas:** Stufe 3–4 (vorgeheizt)
**Backzeit:** etwa 25 Minuten

2 Aubergine aus dem Backofen nehmen, ein feuchtes Küchentuch auf die Aubergine legen und auskühlen lassen.

3 Aubergine halbieren und das Fruchtfleisch herauskratzen, dabei evtl. die Kerne entfernen. Schafkäse etwas zerkleinern und mit dem Fruchtfleisch pürieren.

4 Knoblauch abziehen, zerdrücken und zusammen mit Öl und Zitronensaft unter das Auberginenpüree rühren. Mit Salz und Pfeffer würzen.

5 Basilikumblättchen von den Stengeln zupfen, die Blätter abspülen, trockentupfen, fein schneiden und unter das Püree mischen.

6 Öl in einer Bratpfanne erhitzen, die Brotscheiben darin anbraten. Dann mit der Auberginenpaste bestreichen und mit Tomatenwürfeln bestreut servieren.

# Geröstetes Brot mit Tomaten und Rosmarin

1 Graubrotscheiben vierteln und in einer Pfanne in erhitztem Olivenöl von beiden Seiten anrösten.

2 Tomaten waschen, halbieren, die Stengelansätze herausschneiden, Tomaten in dünne Scheiben schneiden und anschließend auf das geröstete Brot legen.

3 Mit Knoblauch und Rosmarinnadeln bestreuen, salzen und pfeffern. Olivenöl darüberträufeln. Die Brotscheiben auf ein mit Backpapier belegtes Backblech legen und in den Backofen schieben.

**Ober-/Unterhitze:** etwa 200 °C (vorgeheizt)
**Heißluft:** etwa 180 °C (nicht vorgeheizt)
**Gas:** Stufe 3–4 (vorgeheizt)
**Backzeit:** etwa 8 Minuten

**Tip:** *Nach Belieben können auch kleingewürfelte schwarze Oliven hinzugefügt werden.*

### Zutaten

**16 Stück**

**4 Scheiben rustikales Graubrot**
**8 EL Olivenöl**
**8 kleine Tomaten**
**2 abgezogene, feingehackte Knoblauchzehen**
**1 TL gehackte Rosmarinnadeln**
**Salz**
**frisch gemahlener Pfeffer**
**2 EL Olivenöl**

**Zubereitungszeit:**
etwa 20 Minuten

**Pro Stück:**
E: 1 g, F: 8 g, Kh: 5 g,
kJ: 406, kcal: 97

*RAFFINIERT*

# Gemüsetaler mit Dip

**Zutaten**

**26 Stück**

**200 g Kartoffeln**
**200 g Möhren**
**200 g Sojakeimlinge**
**1 Zwiebel**
**3 Scheiben Toastbrot**
**1 Ei**
**Kräutersalz**
**frisch gemahlener Pfeffer**
**Paprika edelsüß**
**4 EL Semmelbrösel**

**Für den Quark-Kräuter-Dip:**
**250 g Magerquark**
**6 EL Schlagsahne**
**je 1 EL feingehackter Dill, Schnittlauch und feingehackte Petersilie**

**125 ml (⅛ l) Sonnenblumenöl**
**einige Dillzweige**

**Zubereitungszeit:**
40 Minuten

**Pro Stück:**
E: 2 g, F: 6 g, Kh: 5 g,
kJ: 379, kcal: 91

*RAFFINIERT*

1 Kartoffeln und Möhren waschen, schälen, fein raspeln. Sojasprossen verlesen, waschen, gut abtropfen lassen und hacken.

2 Zwiebel abziehen und fein hacken. Toastbrot im Blitzhacker oder Mixer zerkleinern. Das Gemüse und die Toastbrotbrösel mit Ei vermischen, mit Salz, Pfeffer und Paprika würzen.

3 Die Gemüsemasse zu einer Rolle formen (Ø 3–4 cm), davon etwa 1 cm dicke Scheiben schneiden, diese in Semmelbröseln wenden.

4 Für den Dip Quark mit Sahne, Dill, Schnittlauch und Petersilie verrühren. Mit Salz, Pfeffer und Paprika abschmecken.

5 Die Gemüsetaler in heißem Fett bei geringer Hitze etwa 10 Minuten braten, dann auf Küchenpapier abtropfen lassen. Auf jeden Gemüsetaler etwas Dip klecksen und nach Belieben mit Dillsträußchen garnieren.

**Tip:** *Die Gemüsetaler können auch mit anderen Gemüsesorten zubereitet werden, z. B. Zucchini, Sellerie oder Rote Bete in geraspelter Form.*

# Paprika- und Avocadospalten mit pikantem Frischkäse

**Zutaten**

**32 Stück**

**400 g Doppelrahm-Frischkäse**
**Salz**
**frisch gemahlener Pfeffer**
**Paprika edelsüß**
**1 EL gehackter Dill**
**1 TL gehackte Kapern**
**je 2 rote und grüne Paprikaschoten**
**2 Avocados**
**1 EL Zitronensaft**
**einige Dillzweige**
**einige Kapern**
**etwas Kresse**

**Zubereitungszeit:**
etwa 40 Minuten

**Pro Stück:**
E: 2 g, F: 7 g, Kh: 2 g, kJ: 329, kcal: 79

*RAFFINIERT*

1 Frischkäse in eine Schüssel geben, mit Salz, Pfeffer, Paprika, Dill und Kapern zu einer geschmeidigen, spritzfähigen Masse rühren.

2 Paprika vierteln, entstielen, entkernen, die weißen Scheidewände entfernen, Schoten waschen und in Rauten schneiden. Reste in feine Würfel schneiden.

3 Avocados halbieren, vom Stein lösen, schälen, Avocado in kleine Stücke schneiden und mit Zitronensaft beträufeln.

4 Die Paprika- und Avocadospalten auf eine Platte legen. Mit einem Teelöffel je einen Klecks Käsecreme auf die Gemüsestücke verteilen.

5 Die Paprikarauten mit Paprikawürfeln und Dill garnieren, die Avocadostücke mit Kapern und Kresse garnieren.

**Tip:** *Mit frischen Kräutern, z. B. Dill, Schnittlauch, Kerbel oder Petersilie, verzieren. Zum Bestreuen rosa Pfefferbeeren oder Kümmelsamen verwenden.*

# Kleine Frühlingsrollen mit Chili-Dip

**Zutaten**

**18 Stück**

**2 Möhren**
**¼ Sellerieknolle**
**3 rote Zwiebeln**
**1 Pck. Frühlingsrollenteig (18 Stck./aus dem Asia-Laden)**
**1 EL Pflanzenöl**
**Salz**
**frisch gemahlener Pfeffer**
**Sojasauce**
**1 Eiweiß**
**Speiseöl zum Ausbacken**

**Für den Chili-Dip:**
**1–2 Chilischoten**
**125 ml (⅛ l) Wasser**
**125 ml (⅛ l) Essig**
**125 g brauner Zucker**
**Salz**

**Zubereitungszeit:**
45 Minuten

**Pro Stück:**
E: 0 g, F: 1 g, Kh: 8 g,
kJ: 166, kcal: 40

*FÜR GÄSTE*

1 Möhren, Sellerie und Zwiebeln putzen und schälen, waschen und anschließend in feine Streifen schneiden.

2 Gesalzenes Wasser zum Kochen bringen, Gemüsestreifen darin 2 Minuten blanchieren, in ein Sieb schütten, mit kaltem Wasser abschrecken und gut abtropfen lassen.

3 Frühlingsrollenteig aus der Verpackung nehmen und ausbreiten. Die Teigfladen sollten die Größe 6 x 6 cm haben. Gegebenenfalls in die Größe schneiden.

4 Gemüsestreifen in Öl anschwitzen, mit Salz, Pfeffer und Sojasauce pikant würzen. Die angeschwitzten Gemüsestreifen auf den Teigfladen verteilen, Seiten einschlagen und einrollen. Die Kanten mit Eiweiß bestreichen und zukleben.

5 In einer Pfanne reichlich Öl erhitzen und die Frühlingsrollen rundherum fritieren.

6 Für den Chili-Dip Chilischoten putzen, halbieren, entkernen und in sehr kleine Würfel schneiden. Wasser, Essig und Zucker so lange kochen, bis es sirupartig wird. Mit Salz abschmecken, Chilischoten hinzufügen.

**Tip:** *Der Chili-Dip kann auch gut am Vortag zubereitet werden.*

# Topinambur-Chips mit Tomaten-Paprika-Dip

(8 Portionen)

1 Topinambur unter fließendem kalten Wasser säubern, anschließend schälen. Mit Hilfe einer Aufschnittmaschine oder eines Gurkenhobels in feine Scheiben schneiden.

2 Pflanzenöl auf 160–180 Grad erhitzen und die Topinambur-Chips darin fritieren, bis sie eine appetitliche Bräunung haben.

3 Die Chips aus dem Fett nehmen und auf Küchenkrepp abtropfen lassen. Mit Salz und Pfeffer würzen.

4 Für den Dip Tomate vierteln, Stengelansatz herausschneiden, Tomaten entkernen und würfeln. Crème fraîche, Crème double, Tomatenketchup und Paprika verrühren.

5 Den Dip mit Salz und Pfeffer würzen, feingeschnittene Tomatenwürfel darunterheben und zu den Chips reichen.

**Tip:** *Auf die gleiche Art können auch Auberginenscheiben oder Kartoffelchips zubereitet werden. Auberginen mit einem Gurkenhobel in dünne Scheiben schneiden, leicht mit Mehl bestäuben und in kleinen Portionen einige Sekunden fritieren. Für Kartoffelchips erst die Scheiben kurz in Fritierfett blanchieren, dann abkühlen lassen und anschließend nochmals in das heiße Fett geben, bis sie goldgelb sind. Etwas abkühlen lassen und mit Salz bestreut servieren.*

**Zutaten**

**500 g Topinamburwurzel**
**1 l Pflanzenöl**
**Salz**
**frisch gemahlener Pfeffer**

**Für den Dip:**
**1 Tomate**
**1 Becher (150 g) Crème fraîche**
**1 Becher (125 g) Crème double**
**2 EL Tomatenketchup**
**1 TL Paprika edelsüß**
**Salz**
**frisch gemahlener Pfeffer**

**Zubereitungszeit:**
40 Minuten

**Pro Portion:**
E: 2 g, F: 25 g, Kh: 5 g, kJ: 1089, kcal: 260

*RAFFINIERT*

# Enchiladas mit rotem Bohnenpüree

**Zutaten**

**16 Stück**

**375 g getrocknete rote Bohnen oder 2 Dosen (à 255 g Abtropfgewicht)**
**2 l Wasser**
**1 Zwiebel**
**1 Chilischote**
**2 EL Speiseöl**
**1 TL Zucker**
**4 EL Crème fraîche**
**Salz**
**frisch gemahlener Pfeffer**
**Cayennepfeffer**

**Für die Enchiladas:**
**100 g Weizenmehl**
**100 g Maismehl**
**1 Ei**
**1 TL Backpulver**
**1 TL Salz**
**400 ml Milch**
**4 EL Speiseöl zum Braten**

**Zubereitungszeit:**
2 Stunden, ohne Einweichzeit

**Pro Stück:**
E: 6 g, F: 7 g, Kh: 18 g, kJ: 725, kcal: 173

DAUERT LÄNGER

1 Getrocknete Bohnen waschen, in Wasser über Nacht einweichen. Mit dem Wasser zum Kochen bringen. Zugedeckt etwa 1 Stunde köcheln lassen. (Bohnen aus der Dose erst ab Arbeitsschritt 4 bearbeiten).

2 Zwiebel abziehen, in feine Würfel schneiden. Chilischote waschen, halbieren und die Kerne entfernen. Schote ebenfalls in sehr feine Würfel schneiden.

3 Öl in einer Pfanne erhitzen und Zwiebeln darin andünsten, nach einigen Minuten die Chiliwürfel kurz mitgaren, Zucker hinzufügen.

4 Die weich gekochten Bohnen im Mixer mit etwas von der Füssigkeit pürieren, so daß ein sämiges Püree entsteht.

5 Zwiebelwürfel und Chiliwürfel hinzugeben und mit Crème fraîche unterrühren. Mit Salz, Pfeffer und Cayennepfeffer würzen. Das Bohnenpüree warm stellen.

6 Für die Enchiladas Weizenmehl, Maismehl, das verquirlte Ei, Backpulver, Salz und Milch zu einem glatten Teig verrühren.

7 Öl in einer Pfanne erhitzen und aus dem Teig nacheinander 8 kleine Pfannkuchen (Ø 16 cm) backen.

8 Die Pfannkuchen halbieren, etwas Bohnenpüree auf jeden Pfannkuchen geben und ihn zu einer Tüte zusammenrollen, evtl. in Servietten oder Pergamentpapier eingewickelt servieren.

**Tip:** *Enchiladas gibt es auch fertig zu kaufen, sie müssen dann nur nach Packungsaufschrift aufgebacken werden.*

# Cocktailtomaten, gefüllt

**Zutaten**

**24 Stück**

**Für das Dressing:**
**4 EL weißer Balsamico-Essig**
**Salz**
**1 Prise Zucker**
**frisch gemahlener Pfeffer**
**2 Schalotten**
**2 Knoblauchzehen**
**5 EL Olivenöl**

**24 Cocktailtomaten**
**200 g Ziegenfrischkäse**
**1 Bund Basilikum**

**Zubereitungszeit:**
etwa 30 Minuten

**Pro Stück:**
E: 2 g; F: 4 g; Kh: 2 g;
kJ: 242, kcal: 58

*GUT VORZUBEREITEN*

1 Für das Dressing Aceto Balsamico, Salz, Zucker und Pfeffer gut verrühren. Schalotten und Knoblauch abziehen, fein hacken und in den Essig geben. Öl unterschlagen.

2 Von den Cocktailtomaten Stengel abzupfen, Tomaten waschen, trockentupfen, das obere Drittel abschneiden. Fruchtfleisch vorsichtig entfernen.

3 Den Deckel fein würfeln und zum Dressing geben. Tomaten mit Ziegenfrischkäsewürfeln füllen und auf eine Servierplatte legen.

4 Basilikumblättchen kurz abspülen, trockentupfen und in feine Streifen schneiden. Das Dressing über die Tomaten träufeln und mit Basilikum überstreut servieren.

**Tips:** *Natürlich kann auch der bekanntere, dunkelfarbige Balsamico-Essig verwendet werden. Allerdings bekommt der Ziegenfrischkäse dann eine etwas unansehnliche, dunkle Färbung. Nach Belieben können auch feingehackte Kräuter unter die Frischkäsemasse gerührt werden.*

**Abwandlung:** *300 g TK-Spinat auftauen lassen, mit feingehackter Zwiebel und Knoblauchzehe in etwas Olivenöl andünsten. 200 g Feta-Käse mit einer Gabel zerdrücken und hinzufügen. Mit Salz, Pfeffer, Muskatnuß und Zitronensaft abschmecken. Nach Belieben noch Oregano oder Thymian hinzufügen und die Masse in die Tomaten füllen.*

# Mexikanische Tortillas

**Zutaten**

**15 Stück**

**2 Frühlingszwiebeln**
**2 Knoblauchzehen**
**2 gekochte Kartoffeln (festkochend)**
**150 g Weizenmehl**
**1 Ei**
**200 ml Mineralwasser**
**Salz**
**frisch gemahlener Pfeffer**
**Olivenöl zum Braten**

**Zubereitungszeit:**
50 Minuten

**Pro Stück:**
E: 2 g, F: 1 g, Kh: 9 g,
kJ: 246, kcal: 59

*RAFFINIERT*

1 Frühlingszwiebeln putzen, waschen und in feine Ringe schneiden. Knoblauch abziehen und fein hacken. Kartoffeln grob reiben.

2 Mehl, Ei und Mineralwasser zu einem glatten Teig verrühren (der Teig sollte etwas fester sein als ein Pfannkuchenteig).

3 Frühlingszwiebel und Knoblauch unter den Teig rühren, mit Salz und Pfeffer würzen.

4 Öl in einer beschichteten Pfanne erhitzen, nach und nach kleine Tortillas darin ausbacken. Die Tortillas evtl. vierteln und aufrollen und mit einem Zahnstocher oder einer Serviette servieren.

**Tip:** *In Mexiko werden die Tortillas mit Maismehl oder masa harina zubereitet.*

**Abwandlung:** *Statt der Kartoffeln können auch geraspelte Zucchini, Topinambur oder Bataten (süße Kartoffeln) genommen werden.*

# Maiskolben Mexikanische Art

1 Maiskolben auf ein Sieb geben und gut abtropfen lassen. Anschließend halbieren.

2 Butter erhitzen, feine Chiliwürfel und Maiskolben darin leicht anbraten.

3 Maiskolben mit Salz und Pfeffer würzen, mit je 2 Holzspießchen (links und rechts des Kolbens, dient als „Anfasser“) versehen und servieren.

**Tip:** *Frische Maiskolben statt Maiskolben aus der Dose verwenden. Frische Maiskolben etwa 20 Minuten kochen. Dem Kochwasser (ohne Salz, sonst werden die Kolben zäh!) Zitronensaft, Zucker oder Milch hinzufügen.*

**Zutaten**

**8 Stück**

**4 große Maiskolben (aus der Dose)**
**40 g Butter**
**1 gewürfelte Chilischote**
**Salz, Pfeffer**

**Zubereitungszeit:**
etwa 20 Minuten

**Pro Stück:**
E: 2 g, F: 5 g, Kh: 13 g,
kJ: 434, kcal: 109

# Marinierte Champignons

1 Champignons putzen, mit Küchenpapier abreiben, evtl. abspülen. Champignons in Zitronen-Salzwasser geben und aufkochen lassen, dann auf ein Sieb schütten und abtropfen lassen.

2 Zwei Eßlöffel Olivenöl erhitzen, die Champignons rundherum anbraten.

3 Restliches Öl mit Essig, Salz, Pfeffer, Zucker und Thymian verrühren. Knoblauch abziehen, zerdrücken und in die Marinade geben.

4 Petersilie abspülen, trockentupfen und fein hacken. Chilischote halbieren, entkernen, abspülen, trockentupfen und in feine Würfel schneiden. Beide Zutaten ebenfalls in die Marinade geben. Die Champignons etwa 24 Stunden darin marinieren.

**Tip:** *Nach Belieben jeden Champignon auf ein Toastbrotscheiben-Viertel legen und mit einem Holzspießchen feststecken.*

**Zutaten**

**4 Portionen**

**500 g kleine Champignons**
**1 EL Zitronensaft**
**500 ml (½ l) Salzwasser**
**8 EL Olivenöl**
**2 EL Sherryessig**
**Salz, Pfeffer, 1 Prise Zucker**
**3 Knoblauchzehen**
**1 El gehackte, glatte Petersilie**
**1 Chilischote**

**Zubereitungszeit:**
30 Minuten, ohne Ziehen lassen

**Pro Portion:**
E: 3 g, F: 15 g, Kh: 2 g,
kJ: 690, kcal: 164

*GUT VORZUBEREITEN*

# Gefüllte Fenchelschalen

(Foto)

**Zutaten**

**etwa 12 Stück**

**2 kleine Fenchelknollen**
**1 Zucchini, 1 rote Paprika**
**1 Zwiebel, 2 EL Olivenöl**
**1 kleiner Bund Oregano**
**Salz, Pfeffer**

**Zubereitungszeit:**
etwa 45 Minuten

**Pro Stück:**
E: 1 g, F: 2 g, Kh: 2 g,
kJ: 125, kcal: 30

*RAFFINIERT*

1 Fenchelknollen waschen, Fenchelblätter mit Stielen von der Knolle abtrennen, so daß aus den einzelnen Fenchelschalen Taschen entstehen. Diese Taschen in Salzwasser etwa 4 Minuten blanchieren, dann in kaltes Wasser legen, anschließend auf ein Sieb geben und gut abtropfen lassen.

2 Von der Zucchini die Enden abschneiden, Zucchini waschen und in Würfel schneiden. Paprika halbieren, entstielen, entkernen, die weißen Scheidewände entfernen, Schoten waschen und ebenfalls in Würfel schneiden. Zwiebel abziehen und fein würfeln.

3 Gemüse mit den Zwiebelwürfeln in Öl andünsten, mit kleingeschnittenem Oregano, Salz und Pfeffer würzen.

4 Fencheltaschen mit den Gemüsewürfeln füllen und mit Fenchelgrün garnieren.

# Gefüllte Champignons

**Zutaten**

**16 Stück**

**16 Champignons**
**1 EL Zitronensaft**
**2 EL Olivenöl**
**Salz, Pfeffer**
**1 Tomate**
**3 Frühlingszwiebeln**
**50 g Parmesan**

**Zubereitungszeit:**
40 Minuten

**Pro Stück:**
E: 1 g, F: 2 g, Kh: 1 g,
kJ: 127, kcal: 30

1 Champignons putzen, mit Küchenpapier abreiben, evtl. abspülen. Das Innere herausschneiden und in kleine Würfel schneiden. Champignons in Zitronen-Salzwasser kurz blanchieren, dann in erhitztem Öl rundherum anbraten, mit Salz und Pfeffer bestreuen.

2 Tomate halbieren, Stengelansatz herausschneiden, Tomate fein würfeln. Frühlingszwiebeln putzen, waschen und in feine Würfel schneiden. Das Gemüse in dem verbliebenen Öl andünsten.

3 Parmesan fein hobeln und unter das Gemüse rühren. Das Gemüse abschmecken und in die Champignons füllen. In jeden Champignon einen Zahnstocher stecken und servieren.

# Avocadobrote

**Zutaten**

**12 Stück**

**1 reife Avocado**
**80 g Roquefort-Käse**
**2–3 TL Zitronensaft**
**frisch gemahlener, weißer Pfeffer**
**6 rechteckige Scheiben Vollkornbrot**
**4 Tomaten**
**1 Kästchen Kresse, z. B. Daikon-Kresse**

**Zubereitungszeit:**
20 Minuten

**Pro Stück:**
E: 4 g, F: 6 g, Kh: 10 g, kJ: 479, kcal: 114

SCHNELL

1 Avocado halbieren, entsteinen, das Fruchtfleisch aus der Schale lösen, mit Roquefort pürieren. Mit Zitronensaft und Pfeffer würzen.

2 Vollkornbrote mit Avocadocreme bestreichen und diagonal halbieren (größere Scheiben nochmals durchschneiden). Tomaten waschen, trockentupfen, Stengelansätze herausschneiden, Tomaten in Scheiben schneiden, jeweils 3 Scheiben schuppenförmig in die Mitte der Brote legen.

3 Von der Kresse die Blättchen abschneiden und die Brote damit garnieren.

**Tips:** *Da sich Avocados bei längerem Stehen bräunlich färben, sollte die Creme erst kurz vor dem Verzehr zubereitet werden. Statt Roquefort-Käse kann auch Frischkäse verwendet werden; der Geschmack ist dann milder. Nach Belieben noch eine feingehackte Zwiebel unterrühren.*

**Abwandlung:** *Brote mit Ajvar-Mayonnaise bestreichen. Für die Ajvar-Mayonnaise 3 Eßlöffeln Ajvar (Fertigprodukt aus dem Glas) mit 2 Eßlöffeln Mayonnaise verrühren. 1 Eßlöffel feingehackte Kapern unterrühren. Mit Salz und Pfeffer abschmecken, die Brote damit bestreichen und mit grünen oder gelben Paprikawürfeln bestreuen.*

# Französische Canapés

**Zutaten**

**20 Stück**

**5 Scheiben Toastbrot**
**5 Sardellenfilets**
**50 g weiche Butter**
**einige Tropfen Zitronensaft**
**frisch gemahlener, weißer Pfeffer**
**etwa 15 Sardinen in Öl (je nach Größe)**
**2 Tomaten**
**1 Bund glatte Petersilie**

**Zubereitungszeit:**
25 Minuten

**Pro Stück:**
E: 5 g, F: 7 g, Kh: 3 g, kJ: 412, kcal: 88

*EINFACH*

1 Toastscheiben toasten. Sardellenfilets sehr fein hacken, mit Butter, Zitronensaft und Pfeffer verrühren.

2 Sardellenbutter auf die Canapés streichen und die Toasts diagonal vierteln.

3 Sardinen abtropfen lassen (am besten auf Küchenkrepp legen und damit abtupfen) und in Größe der Canapés schneiden. Tomaten waschen, Stengelansätze herausschneiden und Tomaten in Scheiben schneiden. Petersilie unter fließendem kaltem Wasser waschen, trockentupfen und die Blätter von den Stengeln zupfen.

4 Zuerst ein Petersilienblatt, dann eine Tomatenscheibe und zuletzt die Sardellenfilets auf die Toasts legen.

**Abwandlung:** *Shrimps-Canapés*
*10 Toastbrotscheiben toasten. 1 Becher (150 g) Crème fraîche mit 1 Teelöffel Meerrettich verrühren, die Toastbrotscheiben damit bestreichen, dann vierteln oder rund ausstechen. 250 g Shrimps mit 1 Eßlöffel Zitronensaft, 2 Eßlöffeln Olivenöl, Salz und Pfeffer marinieren. 2 Teelöffel gehackten Dill unterheben. Auf die Toastbrotscheiben erst ein kleines Blatt Salat legen, dann die marinierten Shrimps verteilen und mit Dill garnieren.*

# Krabbencreme auf Baguette

(Foto)

**Zutaten**

**20 Stück**

**200 g Krabben ohne Schale**
**200 g weiche Butter**
**Salz, Pfeffer**
**1 EL Cognac**
**20 Baguettescheiben**
**50 g Krabben**
**einige Petersilienblätter**

**Zubereitungszeit:**
15 Minuten

**Pro Stück:**
E: 3 g, F: 8 g, Kh: 6 g,
kJ: 509, kcal: 121

1 Krabben kleinschneiden und mit Butter verrühren.

2 Mit Salz, Pfeffer und Cognac abschmecken.

3 Die Krabbencreme auf die Baguettescheiben streichen, mit Krabben und Petersilienblättern garnieren.

**Tip:** *Nach Belieben noch 1 Eßlöffel Zitronensaft in die Krabbencreme rühren. Statt der Krabben kann auch Hummer- oder Krebspaste (Fertigprodukt) mit Butter (100 g Butter auf 10 g Paste) verrührt werden.*

# Gurken-Häppchen

**Zutaten**

**20 Stück**

**1 kleine Schlangengurke**
**Salz, Pfeffer**
**2 Blatt weiße Gelatine**
**150 g Joghurt**
**125 g Doppelrahm-Frischkäse**
**3 EL Milch**
**1 Prise Cayennepfeffer**
**1 Bund Dill, 2 EL Keta-Kaviar**

**Zubereitungszeit:**
40 Minuten

**Pro Stück:**
E: 2 g, F: 3 g, Kh: 1 g,
kJ: 163, kcal: 39

*RAFFINIERT*

1 Von der Gurke die Enden abschneiden, Gurke gründlich waschen und quer halbieren. Das Gurkeninnere mit einem kleinen Löffel herauskratzen, die ausgehöhlte Gurke mit Salz und Pfeffer bestreuen.

2 Gelatine nach Packungsaufschrift in kaltem Wasser einweichen.

3 Joghurt, Frischkäse und Milch verrühren, mit Salz, Pfeffer und Cayennepfeffer abschmecken. Die eingeweichte Gelatine ausdrücken, auflösen und unter die Joghurt-Frischkäse-Masse rühren.

4 Dill abspülen, trockentupfen, von den Stengeln zupfen, fein hacken und mit Kaviar unter die Masse rühren. Wenn die Masse beginnt, dicklich zu werden, sie in die Gurkenhälften füllen und fest werden lassen. Die Gurkenhälften in etwa 2 cm breite Stücke schneiden.

# Sushi mit Lachs

**Zutaten**

**18 Stück**

**350 g Rundkornreis**
**600 ml Wasser**
**4 EL Reisessig**
**4 TL Zucker**
**1 gestr. TL Salz**
**4 Nori-Blätter (gerösteter Seetang, in Asialäden erhältlich)**
**8 Scheiben frischer Lachs (etwa in der Größe der Nori-Blätter)**
**2 TL Wasabipaste (Meerrettich, in Asialäden erhältlich)**
**2 EL Wasser**

**2 TL Wasabipaste**
**Sojasauce**

**Zubereitungszeit:**
55 Minuten

**Pro Stück:**
E: 4 g, F: 2 g, Kh: 17 g,
kJ: 419, kcal: 100

*RAFFINIERT*

1 Reis auf ein Sieb geben, unter fließendem kalten Wasser waschen, bis das Wasser klar bleibt. Dann den Reis in das kochende Wasser geben, bei mittlerer Hitze mit geschlossenem Deckel etwa 20 Minuten garen und etwa 10 Minuten bei kleiner Hitze gar ziehen lassen (Elektroherd ausschalten, Gas auf ganz kleine Flamme stellen).

2 Den Deckel während des Kochens nicht abnehmen. Wenn der Reis gar ist, Deckel abnehmen, ein Geschirrtuch zwischen Deckel und Topf legen und den Reis etwa 10 Minuten abkühlen lassen.

3 Reisessig, Zucker und Salz aufkochen, bis der Zucker sich gelöst hat. Den Sud über den Reis verteilen. Den Reis immer wieder durchrühren, damit er nicht klebt.

4 Nori-Blätter jeweils auf ein Stück Alufolie legen und etwa 1 cm dick mit Reis bestreichen, den Rand etwas frei halten.

5 Lachs auf dem Reis verteilen. Wasibipaste mit Wasser verrühren und auf den Lachs streichen.

6 Die Nori-Blötter gut einrollen (mit Hilfe der Folie) dann zwischen den Händen rollen, bis alles gut zusammenhält.

7 Rollen jeweils mit einem scharfen Messer in gleich große Stücke schneiden. Die Sushi mit Wasabipaste und Sojasauce reichen.

**Tips:** *Wasabi ist eigentlich ein japanisches Wort und meint ein grünliches Pulver oder einen grünen Brei mit einem scharfen Meerrettichgeschmack. Es muß es vor dem Gebrauch mit warmem Wasser vermischt werden, z. B. 2 Eßlöffel Pulver mit 1 Eßlöffel Wasser und etwa 10 Minuten zugedeckt an einem warmen Ort quellen lassen, damit sich der Geschmack richtig entfalten kann. Der vorbereitete Wasabi muß am gleichen Tag verwendet werden, sonst verliert er sein Aroma.*

# Sardinenspieße im Zucchinimantel

1 Sardinen unter fließendem kalten Wasser gut abspülen, trockentupfen.

2 Je einen kleinen Fisch längs auf einen Spieß ziehen, die Zucchinischeibe an beiden Spießenden feststecken, mit Öl bestreichen, mit Weißbrot bestreuen und in erhitztem Fett etwa 4 Minuten bei schwacher Hitze ausbacken.

3 Anschließend auf Küchenkrepp abtropfen lassen, mit Salz, Pfeffer und Limonensaft würzen.

**Tip:** *Anstelle von Sardinen können auch Muscheln, Garnelen oder kleine Tintenfische verwendet werden.*

**Zutaten**

**12 kleine Sardinen**
**1 Zucchini (längs in hauchdünne Scheiben geschnitten)**
**2 EL Speiseöl**
**100 g geriebenes Weißbrot**
**Salz, Pfeffer, Limonensaft**
**6 EL Speiseöl zum Backen**

**Zubereitungszeit:**
etwa 25 Minuten

**Pro Stück:**
E: 5 g, F: 5 g, Kh: 4 g,
kJ: 382, kcal: 91

# Marinierte Sardinen

1 Sardinen kalt abspülen, mit einem scharfem Küchenmesser den Kopf abschneiden, dann den Bauch vom Schwanz bis zum Kopf aufschneiden. Die Sardinen aufklappen und mit einem großen Küchenmesser flachdrücken.

2 Sardinen nochmals kurz abspülen. Sherryessig mit Wasser mischen, die Sardinen in eine flache Schüssel legen und mit dem Essigwasser übergießen. Etwa 2 Stunden durchziehen lassen, bis die Sardinen weiß werden.

3 Sardinen kalt abspülen und wieder in die Schüssel geben. Knoblauch abziehen und fein würfeln. Petersilienblätter von den Stengeln zupfen, abspülen, trockentupfen und fein schneiden.

4 Knoblauchwürfel und Petersilie mit Salz, Pfeffer, Olivenöl, Zucker und Sherryessig mischen, abschmecken und über die Sardinen geben. Die Sardinen einige Stunden durchziehen lassen.

**Zutaten**

**24 Stück**

**24 frische Sardinen**
**200 ml Sherryessig**
**100 ml Wasser**
**6 Knoblauchzehen**
**1 Bund glatte Petersilie**
**Salz, Pfeffer, 100 ml Olivenöl**
**2–3 EL Sherryessig**

**Zubereitungszeit:**

35 Minuten, ohne Durchziehzeit

**Pro Stück:**
E: 5 g, F: 5 g, Kh: 4 g,
kJ: 382, kcal: 91

# Garnelen in Knusperteig

**Zutaten**

**Foto – 26 Stück**

**Für die Apfel-Meerrettich-Sauce:**
**2 EL Salatmayonnaise**
**1 Becher (150 g) Crème fraîche**
**3 EL Apfelmus**
**2–3 TL Meerrettich**
**Salz**
**frisch gemahlener Pfeffer**
**1 Prise Zucker**

**Für die Tomatensauce:**
**2 Zwiebeln**
**4 EL Speiseöl**
**2 EL brauner Zucker**
**2 EL Weißweinessig**
**4 EL Tomatenketchup**
**1 EL Tomatenmark**
**Salz**
**frisch gemahlener Pfeffer**
**Paprika edelsüß**
**Tabasco**

**2 Pck. (à 200 g) TK-Garnelen im Knusperteig**
**Fett zum Fritieren**

**Zubereitungszeit:**
40 Minuten

**Pro Stück:**
E: 1 g, F: 3 g, Kh: 2 g,
kJ: 173, kcal: 41

*SCHNELL*

1 Für die Apfel-Meerrettich-Sauce Mayonnaise, Crème fraîche, Apfelmus und Meerrettich verrühren. Mit Salz, Pfeffer und Zucker abschmecken.

2 Für die Tomatensauce Zwiebeln abziehen und fein würfeln. Zwiebelwürfel in erhitztem Öl andünsten.

3 Zucker, Essig, Tomatenketchup und -mark unterrühren und 1 Minute kochen lassen. Die Sauce evtl. pürieren. Mit Salz, Pfeffer, Paprika und Tabasco abschmecken.

4 Garnelen nach Packungsaufschrift fritieren und mit den Saucen servieren.

**Tip:** *Dazu schmeckt auch ein Paprika-Dip sehr gut: 1 Zwiebel abziehen und in kleine Würfel schneiden. 1 gelbe Paprika halbieren, entstielen, Kerne und weiße Scheidewände entfernen, die Schoten kalt abspülen und kleinschneiden. Zwiebel und Paprika zusammen mit Salz, Pfeffer, Paprika edelsüß, 3 Eßlöffel Mayonnaise und 6 Eßlöffel Frischkäse im Mixaufsatz der Küchenmaschine oder mit dem Schnellmixstab des Handrührgerätes sehr fein pürieren. Wer Zeit bei der Zubereitung der Garnelen einsparen möchte, kann auch auf fertig gekaufte Dips zurückgreifen.*

**Abwandlung:** *Von etwa 30 Garnelen (ohne Schale und Schwanz) den Darm entfernen. Garnelen kalt abspülen, trockentupfen und mit Salz und Pfeffer bestreuen. Frühlingsrollenteig (in Asialäden erhältlich) auf der Arbeitsfläche ausbreiten, evtl. halbieren (sie müssen etwa 4mal so groß sein wie die Garnelen). Die Garnelen auf den Teig legen, einrollen und gut festdrücken. Evtl. mit einem Zahnstocher feststecken und in reichlich Speiseöl fritieren.*

# Artischockenblätter mit Shrimps

**Zutaten**

**4–6 Portionen**

**2 kleine Artischocken**
**1 Zitrone**
**2 EL Essig**
**2 Lorbeerblätter**

**Für den Frischkäse-Dip:**
**200 g Doppelrahm-Frischkäse**
**70–125 ml Schlagsahne je nach Konsistenz des Frischkäses**
**Cayennepfeffer**
**Salz**
**2 TL feingehackte Kapern**
**200 g Shrimps**
**2 TL Kapern**

**Zubereitungszeit:**
55 Minuten

**Pro Portion:**
E: 14 g, F: 21 g, Kh: 8 g, kJ: 1227, kcal: 293

ETWAS TEURER

1 Artischocken waschen, die äußeren, unansehnlichen Blätter abschneiden. Die Blattspitzen mit einer Küchenschere gerade schneiden. Zitrone halbieren und die Schnittflächen der Artischocken mit dem Zitronenfruchtfleisch abreiben.

2 Artischocken in kochendes Salzwasser geben, Essig und Lorbeerblättern hinzufügen und zugedeckt bei schwacher Hitze 25–30 Minuten garen, bis sich die Blätter leicht herausziehen lassen.

3 Die Artischocken mit einem Schaumlöffel herausnehmen und mit dem Boden nach oben auf einem Sieb abtropfen und abkühlen lassen.

4 Die Artischockenblätter herauszupfen und auf einer große Platte anrichten. Das Heu von dem Artischockenboden entfernen, die Böden in die Mitte setzen.

5 Für den Dip Frischkäse mit Sahne glattrühren, dabei Sahne nach und nach hinzufügen, damit der Dip nicht zu dünnflüssig wird. Den Dip mit Cayennepfeffer und Salz abschmecken. Kapern unterrühren.

6 Die Masse in einen Spritzbeutel mit großer Spritztülle füllen und auf die Artischockenblätter spritzen. Mit Shrimps und Kapern belegen.

**Tips:** *Dazu frisch aufgebackenes Baguette reichen. Es können auch Artischocken aus der Dose genommen werden, die dann nicht mehr gekocht werden müssen.*

# Überbackene Krabbenbrötchen

**Zutaten**

**10 Stück**

**10 kleine Roggen- oder Vollkornbrötchen, z. B. Suppenbrötchen**
**200 g Champignons**
**30 g zerlassene Butter**
**4 Scheiben Ananas (aus der Dose)**
**100 g Crème fraîche**
**2 EL Ananassaft**
**Salz**
**Currypulver**
**frisch gemahlener, weißer Pfeffer**
**200 g gepulte Krabben**
**60 g Leerdamer**
**Dill**

**Zubereitungszeit:**
30 Minuten

**Pro Stück:**
E: 8 g, F: 8 g, Kh: 16 g, kJ: 740, kcal: 176

*SCHNELL – RAFFINIERT*

1 Von den Brötchen einen flachen Deckel abschneiden und Brötchen aushöhlen. Champignons putzen, mit Küchenpapier abreiben, evtl. abspülen, in kleine Stücke schneiden und in zerlassener Butter andünsten.

2 Ananas abtropfen lassen und in sehr kleine Stücke schneiden. Crème fraîche mit Ananassaft verrühren und mit Salz, Curry und Pfeffer abschmecken. Ananasstücke, Champignons und Krabben unterrühren. Die Brötchen damit bergartig füllen.

3 Käse reiben, auf den Brötchen verteilen, unter den heißen Grill schieben und etwa 5 Minuten überbacken, bis der Käse zerlaufen ist. Die Brötchendeckel kurze Zeit dazulegen. Nach Belieben mit Dill garnieren.

**Tip:** *Statt Brötchen können auch kleine, getoastete Weißbrotscheiben, die rund ausgestochen werden, verwendet werden.*

# Garnelen und Muscheln überbacken

1 Ein Backblech leicht einfetten. Von den aufgetauten Garnelen evtl. den Darm entfernen, Garnelen nebeneinander auf das Backblech legen.

2 Von den Miesmuscheln eine Schalenhälfte abbrechen, verbleibende Schalen mit Muscheln ebenfalls auf das Backblech legen. Garnelen und Muscheln mit Salz und Pfeffer würzen. Mit Zitronensaft beträufeln.

3 Weißbrotbrösel mit Kräutern, Knoblauch und Parmesan gut mischen, anschließend über die Garnelen und Muscheln streuen.

4 Garnelen und Muscheln mit flüssiger Butter beträufeln. Das Ganze in den Backofen schieben.

**Ober-/Unterhitze:** etwa 200 °C (vorgeheizt)
**Heißluft:** etwa 180 °C (nicht vorgeheizt)
**Gas:** Stufe 3–4 (vorgeheizt)
**Überbackzeit:** etwa 10 Minuten

5 Die Garnelen mit einem Holzspießchen, die Muscheln mit einer Serviette servieren.

**Tip:** *Es können auch noch kleine Cocktailtomaten, eingelegte getrocknete Tomaten oder marinierte Champignons mit auf das Backblech gegeben werden.*

**Zutaten**

**etwa 20 TK-Garnelen, ohne Schale, mit Schwanz**
**20 große, blanchierte Miesmuscheln**
**Salz**
**frisch gemahlener Pfeffer**
**1–2 DL Zitronensaft**
**100 g geriebenes Weißbrot**
**1 EL Kräuter der Provence**
**2 abgezogene, gehackte Knoblauchzehen**
**50 g geriebener Parmesan**
**60 g flüssige Butter**

**Zubereitungszeit:**
30 Minuten

**Pro Stück:**
E: 3 g, F: 2 g, Kh: 2 g,
kJ: 153, kcal: 36

*RAFFINIERT*

# Schwedenhappen

**Zutaten**

16 Stück

4 Scheiben Vollkornbrot
40 g weiche Butter
2 Bund Schnittlauch
4 Matjesfilets
1 Apfel mit roter Schale
grüner Pfeffer

**Zubereitungszeit:**
15 Minuten

**Pro Stück:**
E: 3 g, F: 4 g, Kh: 5 g,
kJ: 314, kcal: 75

1 Die Brotscheiben mit Butter bestreichen. Schnittlauch abspülen, trockentupfen und in feine Röllchen schneiden. Die Brotscheiben in die Schnittlauchröllchen drücken vierteln.

2 Matjes abspülen, abtropfen lassen und auf den Brotstücken anrichten.

3 Apfel waschen, vierteln, das Kerngehäuse herausschneiden, den Apfel in dünne Spalten schneiden und die Schwedenhappen damit garnieren. Mit grob gehacktem Pfeffer bestreuen.

# Fischerschnitten

**Zutaten**

16 Stück

4 Scheiben Toastbrot
40 g weiche Butter
260 g Ölsardinen (aus der Dose)
Zitronensaft, Pfeffer
2 hartgekochte Eier
rote Zwiebelringe
Tomatenketchup
Petersilie

**Zubereitungszeit:**
20 Minuten

**Pro Stück:**
E: 3 g, F: 4 g, Kh: 3 g,
kJ: 267, kcal: 64

*SCHNELL*

1 Toastbrot toasten, etwas abkühlen lassen, dann mit Butter bestreichen und vierteln.

2 Ölsardinen abtropfen lassen, evtl. halbieren, auf den Toastbrotscheiben verteilen, mit Zitronensaft beträufeln und mit Pfeffer bestreuen.

3 Eier pellen, in Scheiben schneiden, auf die Ölsardinen legen, die Schnitten nach Belieben mit Zwiebelringen, Tomatenketchup oder Petersilie garnieren.

**Tip:** *Statt Sardinen können auch geräucherte Makrelenfilets, Forellenfilets oder geräucherter Aal genommen werden.*

# Skandinavische Smoerebroed

## Zutaten

**8 Stück**

**Für die Schweinebraten-Smoerebroed:**
**100 g blanchierte Rotkohlstreifen**
**Salz, Pfeffer**
**1–2 EL Essig, 1–2 EL Speiseöl**
**4 Scheiben Vollkornknäcke**
**40 g weiche Butter**
**8 Scheiben Schweinebraten (Aufschnitt)**
**grober Pfeffer**
**4 Pfirsichhälften (aus der Dose)**

**Für die Makrelen-Smoerebroed:**
**2 Eier, 20 g Butter**
**4 gewaschene Blätter Kopfsalat**
**2 Makrelenfilets (ohne Haut und Gräten)**
**4 Scheiben Graubrot**
**2 EL deutscher Kaviar**
**1 EL Dillspitzen, Pfeffer**

**Zubereitungszeit:**
45 Minuten

**Pro Stück:**
E: 13 g, F: 15 g, Kh: 16 g, kJ: 1132, kcal: 270

*RAFFINIERT*

1 Für die Schweinebraten-Smoerebroed Rotkohlstreifen mit Salz, Pfeffer, etwas Essig und Öl pikant würzen und 30 Minuten ziehen lassen.

2 Vollkornknäcke mit Butter bestreichen, Brotscheiben mit je 2 Scheiben Schweinebraten belegen und mit groben Pfeffer bestreuen.

3 Pfirsichhälften in Fächer schneiden. Den marinierten Rotkohlsalat auf den Aufschnitt legen und mit den Pfirsichfächern garnieren.

4 Für die Makrelen-Smoerebroed Eier verquirlen, Butter in einer Pfanne erhitzen und die verquirlten Eier darin stocken lassen.

5 Salatblätter und Makrelenfilets auf den Brotscheiben verteilen (Brotscheiben je nach Größe evtl. vierteln), das Rührei darauf setzen, mit deutschem Kaviar und Dillspitzen garnieren und mit Pfeffer bestreuen.

**Tip:** *Anstatt der Pfirsichhälften können auch Apfelspalten oder Birnensechstel und Blattpetersilie verwendet werden.*

**Abwandlung:** *Die Smoerebroed können statt mit Makrelen auch mit geräucherten Forellenfilets belegt werden. Oder Graved-Lachs zu Röllchen formen, Vollkornbrote mit Meerrettich-Frischkäse (selbstverrührt oder fertig gekauft) bestreichen und mit den Lachsrollen belegen.*

# Räucherlachs-Früchte-Spießchen mit Joghurt-Dip

**Zutaten**

**8 Stück**

**3 Kiwis**
**2 rote Äpfel**
**etwas Ananassaft**
**4 Ringe Ananas (aus der Dose)**
**300 g Joghurt**
**2 TL geriebener Meerrettich**
**Salz**
**frisch gemahlener Pfeffer**
**16 kleine Scheiben Räucherlachs**

**Zubereitungszeit:**
etwa 20 Minuten

**Pro Stück:**
E: 10 g, F: 7 g, Kh: 8 g,
kJ: 566, kcal: 135

RAFFINIERT

1 Kiwis schälen, längs halbieren und in nicht zu dünne Scheiben schneiden.

2 Äpfel waschen, halbieren, Kerngehäuse herausschneiden und Äpfel vierteln. Danach mit Ananassaft beträufeln, damit die Schnittflächen nicht braun werden. Ananasringe in Stücke schneiden.

3 Joghurt in eine Schüssel geben, mit Meerrettich, Salz und Pfeffer würzen und verrühren.

4 Räucherlachs zu Röllchen formen und abwechselnd mit den vorbereiteten Früchten auf Spieße aufreihen. Den Joghurt-Meerretich Dip extra reichen.

**Tip:** *Räucherlachs-Früchte-Spieße mit frisch gemahlenem Pfeffer würzen. Nach Belieben können die Spieße noch kleiner angerichtet werden, dann die Zutaten auf Zahnstocher stecken. Den Lachs vor dem Einrollen mit Meerrettichsahne bestreichen.*

**Abwandlung:** *4 geräucherte Forellenfilets evtl. entgräten, jedes Filet in 3 Stücke schneiden. Die Fischstücke mit einem filetierten Orangenspalt und entkernten Weintrauben auf 12 Zahnstocher aufreihen. Dazu schmeckt auch der Joghurt-Dip von den Räucherlachs-Früchte-Spießen.*

# Anchovis-Canapés

Sardellen-Canapés

**Zutaten**

**16 Stück**

**1 Eigelb**
**2 Msp. mittelscharfer Senf**
**125 ml (⅛ l) Speiseöl**
**Salz**
**frisch gemahlener Pfeffer**
**Zitronensaft**
**4 Scheiben Toastbrot**
**2 Gläser Anchovis (40 g)**
**Petersilienblättchen**
**4 gefüllte Oliven**

**Zubereitungszeit:**
20 Minuten

**Pro Stück:**
E: 1 g, F: 5 g, Kh: 3 g,
kJ: 254, kcal: 61

SCHNELL

1 Eigelb mit Senf verrühren. Öl tropfenweise mit dem Schneebesen unterrühren.

2 Mit Salz, Pfeffer und einigen Tropfen Zitronensaft abschmecken.

3 Toastbrotscheiben entrinden, toasten, vierteln und mit Mayonnaise bestreichen.

4 Anchovis unter fließendem kaltem Wasser abspülen, abtupfen und auf die Mayonnaise legen.

5 Petersilie unter fließendem kaltem Wasser waschen, abtupfen und zusammen mit gefüllten Olivenhälften auf die Canapés legen.

**Tip:** *Anchovis ist die französische Bezeichnung für Sardellen. Statt Mayonnaise 1 Becher (150 g) Crème fraîche, mit Dill verrührt, verwenden.*

# Matjes-Canapés

**Zutaten**

**20 Stück**

**4 Matjesfilets**
**20 Pumpernickeltaler oder**
**5 Scheiben Schwarzbrot**
**Gurkenscheiben**
**Radieschenscheiben**
**Perlzwiebeln**

1 Matjesfilet abspülen, trockentupfen, evtl. entgräten und in 20 kleine Stücke teilen.

2 Die Matjesstücke auf die Pumpernickeltaler oder geviertelten Schwarzbrotscheiben legen.

3 Mit halbierten Gurken- und Radieschenscheiben, Perlzwiebeln und gewaschenen Dillfähnchen oder mit Mangostückchen garnieren.

**Tip:** *Matjes schmeckt frisch am besten, er sollte möglichst noch am Tag des Kaufens verzehrt werden.*

**Abwandlung:** *Matjesfilets fein würfeln, zusammen mit 1 gewürfelten Apfel, 1 gewürfelten Zwiebel und 1 gewürfelten Gurke vermischen. Mit Pfeffer würzen, 1 Eßlöffel gehackten Dill unterrühren.*

**Dillfähnchen**
**Mangostückchen**

**Zubereitungszeit:**
15 Minuten

**Pro Stück:**
E: 3 g, F: 2 g, Kh: 8 g,
kJ: 255, kcal: 61

SCHNELL – FÜR GÄSTE

# Lachstatar auf dunklem Brot

1 Für das Lachstatar Lachs und Sardellenfilet in feine Würfel schneiden.

2 Lachs-, Sardellenfilet- und Schalottenwürfel mit Crème fraîche, Cognac und Petersilie vermischen, mit Salz und Pfeffer würzen.

3 Das Tatar auf die Pumpernickeltaler verteilen und mit etwas Lachskaviar garnieren.

**Tip:** *Statt mit Lachskaviar können die Häppchen auch mit Dillfähnchen oder Petersilienblättern garniert werden.*

**Zutaten**

**8 Stück**

**Für das Lachstatar:**
**100 g frischer Lachs ohne Gräten**
**½ Sardellenfilet**
**½ abgezogene, gewürfelte Schalotte**
**1 EL Crème fraîche**
**1 TL Cognac**
**1 TL gehackte Petersilie**
**Salz, weißer Pfeffer**

**8 Pumpernickeltaler**
**50 g Lachskaviar**

**Zubereitungszeit:**
25 Minuten

**Pro Stück:**
E: 5 g, F: 3 g, Kh: 4 g,
kJ: 348, kcal: 83

SCHNELL

# Anchoiade

## Französische Sardellenpaste

**Zutaten**

8 Stück

- 2 Knoblauchzehen
- 1000 g Anchovisfilet
- 1 TL Tomatenmark
- 3 EL Olivenöl
- etwas Zitronensaft
- frisch gemahlener Pfeffer
- 8 Baguettescheiben
- etwas gehackte Petersilie

**Zubereitungszeit:**
20 Minuten

**Pro Stück:**
E: 3 g, F: 1 g, Kh: 7 g,
kJ: 192, kcal: 45

*KLASSISCH – SCHNELL*

1 Knoblauch abziehen, mit abgetropfter Anchovis zu einem ganz feinen Püree hacken und in eine Schüssel geben. Tomatenmark unterrühren.

2 Anschließend tröpfchenweise Olivenöl unterrühren und mit Zitronensaft und Pfeffer würzen.

3 Baguettescheiben von einer Seite rösten, die ungeröstete Seite mit Anchoviscreme bestreichen und auf einem Backblech im Backofen wärmen.

**Ober-/Unterhitze:** etwa 180 °C (vorgeheizt)
**Heißluft:** etwa 160 °C (nicht vorgeheizt)
**Gas:** etwa Stufe 3 (vorgeheizt)
**Backzeit:** 6–8 Minuten

4 Die Häppchen mit gehackter Petersilie bestreuen und servieren.

**Tip:** *Alternativ können die Anchovishappen mit Tomatenwürfeln, Schnittlauchringen oder Eischeiben und Krabben garniert werden.*
*Anchovis ist die französische Bezeichnung für Sardellen.*

**Abwandlung:** *Raffiniert ist es auch, die Baguettescheiben ungeröstet mit der Anchoviscreme zu bestreichen, je eine Mozzarellascheibe auf jede Baguettescheibe legen und dann bei der gleichen Herdeinstellung ebenfalls 6–8 Minuten zu überbacken.*

# Mini-Crêpes mit Lachs und Spinat

**Zutaten**

12 Stück

Für den Crêpeteig:
80 g Weizenmehl
250 ml (¼ l) Milch
2 Eier
1 Prise Salz
Butter zum Ausbacken

Für die Füllung:
300 g Blattspinat
1 Zwiebel
40 g Butter
Salz
frisch gemahlener Pfeffer
1 Knoblauchzehe
200 g Räucherlachs in Scheiben

**Zubereitungszeit:**
etwa 40 Minuten

**Pro Stück:**
E: 7 g, F: 8 g, Kh: 7 g,
kJ: 524, kcal: 125

*RAFFINIERT*

1 Mehl in eine Rührschüssel sieben, mit Milch und Eiern zu einem glatten Teig verrühren. Mit Salz würzen und in heißer Butter in einer Pfanne zu kleinen Crêpes (Pfannkuchen) ausbacken.

2 Für die Füllung Blattspinat gründlich waschen, kurz blanchieren, anschließend gut abtropfen lassen.

3 Zwiebel abziehen und fein würfeln. Butter zerlassen, Zwiebelwürfel und Spinat darin andünsten, mit Salz, Pfeffer und Knoblauch würzen.

4 Crêpes ausbreiten, zunächst mit Blattspinat, dann mit Räucherlachs belegen und aufrollen. Die Crêpes halbieren oder in 3–4 cm dicke Scheiben schneiden und mit Spießen feststecken.

**Tips:** *Kräuter-Crème-fraîche als Dip dazu reichen. Wer die Crêpes nicht selbst backen möchte, kann auch mexikanische Tortillas kaufen und diese nach Packungsaufschrift zubereiten.*

**Abwandlung:** *Statt Spinat die Crêpes mit Meerrettich-Frischkäse (200 g Doppelrahm-Frischkäse mit 1 Teelöffel Meerrettich verrührt) bestreichen, mit gehacktem Dill bestreuen und dann den Räucherlachs darauf legen und aufrollen.*

# Graved-Lachs-Röllchen

**Zutaten**

**etwa 26 Stück**

**1 Bund Dill**
**12 Scheiben Graved Lachs**
**1 Becher (150 g) Crème fraîche**
**60 g weiche Kräuterbutter**
**1 TL Senf**
**1 TL Essig**
**1 Prise Zucker**
**Salz**
**frisch gemahlener Pfeffer**

**Zubereitungszeit:**
25 Minuten

**Pro Stück:**
E: 3 g, F: 3 g, Kh: 1 g,
kJ: 268, kcal: 64

*RAFFINIERT – SCHNELL*

1 Dill abspülen, trockentupfen und fein hacken. Einige Zweige für die Garnierung beiseite legen.

2 Die Lachsscheiben nebeneinander legen und mit Dill bestreuen. Crème fraîche, Kräuterbutter, Senf, Essig und Zucker glattrühren, mit Salz und Pfeffer abschmecken.

3 Lachsscheiben mit der Kräuterbuttercreme bestreichen, aufrollen und in 2–3 cm dicke Scheiben schneiden.

4 Die Lachscremeröllchen auf einer Platte anrichten, mit den restlichen Dillzweigen garnieren, evtl. mit einem Holzspießchen servieren.

**Tip:** *Dazu Kräuterbutterbaguette reichen.*

**Abwandlung:** *Je 1 blanchierte, längsgeschnittene Zucchinischeibe auf die Lachsscheiben legen, mit Salz und Pfeffer bestreuen, aufrollen und in 3 cm dicke Scheiben schneiden.*

# Lachsbutterschiffchen

**Zutaten**

**8 Stück**

**225 g (5 Scheiben)**
**TK-Blätterteig**
**getrocknete Erbsen oder**
**Linsen zum Blindbacken**
**4 Scheiben Lachs**

**Für die Lachsbutter:**
**150 g Räucherlachs**
**100 g weiche Butter**
**Pfeffer, Salz**
**1 EL gehackter Dill**
**einige Kapern**

**Zubereitungszeit:**
40 Minuten, ohne Abkühlzeit

**Pro Stück:**
E: 3 g, F: 19 g, Kh: 6 g,
kJ: 887, kcal: 212

*FÜR GÄSTE*

1 Blätterteig auftauen lassen, übereinanderlegen und so dünn wie möglich ausrollen. Kleine Schiffchenformen mit dem Teig auslegen.

2 Mit einer Gabel einstechen. Boden mit getrockneten Erbsen oder Linsen füllen, damit der Teig nicht aufgehen kann und auf dem Rost in den Backofen schieben.

**Ober-/Unterhitze:** 180–200 °C (vorgeheizt)
**Heißluft:** etwa 160–180°C (vorgeheizt)
**Gas:** Stufe 3–4 (vorgeheizt)
**Backzeit:** etwa 10 Minuten

3 Die Erbsen oder Linsen aus den Teigschiffchen entfernen, evtl. noch einige Minuten zum Nachbräunen in den Backofen schieben.

4 Die Teigschiffchen aus den Förmchen nehmen und auf einem Kuchenrost abkühlen lassen.

5 Die Schiffchen mit je ½ Scheibe Lachs auslegen.

6 Für die Lachsbutter den Lachs pürieren oder fein hacken, mit der Butter verrühren, mit Salz und Pfeffer abschmecken. Dill unterrühren, in die Schiffchen füllen, mit Kapern bestreuen.

**Abwandlung:** *Die Lachsbutterschiffchen mit Mürbeteigtörtchen zubereiten. Diese können fertig gekauft werden oder selbstgemacht werden: 150 g Weizenmehl, ½ TL Salz, 1 Ei und 100 g Butter oder Margarine verkneten, den Teig etwa 30 Minuten ruhen lassen, dann auf der Arbeitsfläche ausrollen und in die Schiffchenformen füllen.*

# Fritierte Riesengarnelen mit zwei Dips

**Zutaten**

**24 Stück**

**1 Pck. (300 g) panierte TK-Riesengarnelen**

**Für die Ingwer-Zimt-Sauce:**
**2 gestr. EL eingelegter Ingwer**
**2 EL Mayonnaise**
**2 EL Schmand oder Joghurt**
**1 EL Zitronensaft**
**1 gestr. TL gemahlener Zimt**
**Salz, 1 Prise Zucker**

**Für die Tomatensauce:**
**4 Tomaten, 2 EL Speiseöl**
**1 abgezogene, gewürfelte Zwiebel**
**1 kleine, entkernte, in Würfel geschnittene Chilischote**
**2 Frühlingszwiebeln**
**2 Knoblauchzehen**
**2 EL Tomatenmark**
**2 EL Tomatenketchup**
**frisch gemahlener Pfeffer**
**Oregano**

**Zubereitungszeit:**
40 Minuten

**Pro Stück:**
E: 1 g, F: 2 g, Kh: 1 g, kJ: 125, kcal: 30

*RAFFINIERT*

1 Riesengarnelen nach Packungsaufschrift auftauen lassen

2 Für die Ingwer-Zimt-Sauce Ingwer durch ein Sieb streichen. Mit Mayonnaise, Schmand oder Joghurt, Zitronensaft und Zimt verrühren, mit Salz und Zucker abschmecken.

3 Für die Tomatensauce Tomaten kurze Zeit in kochendes Wasser legen (nicht kochen lassen), mit kaltem Wasser abschrecken, enthäuten, Stengelansätze entfernen und die Tomaten in Würfel schneiden.

4 Öl erhitzen, Zwiebelwürfel darin andünsten. Tomaten- und Chiliwürfel hinzugeben. Frühlingszwiebeln putzen, waschen, in Ringe schneiden und mit andünsten.

5 Knoblauch abziehen, zerdrücken und zusammen mit Tomatenmark und -ketchup in die Sauce geben. Mit Salz, Pfeffer und Oregano würzen. Die Sauce bis zur gewünschten Konsistenz einkochen.

6 Die Sauce mit dem Pürierstab zerkleinern und nochmals abschmecken.

7 Die Riesengarnelen nach Packungsaufschrift zubereiten und mit den beiden Saucen garnieren.

**Tip:** *Statt der panierten Riesengarnelen können auch Garnelen ohne Schale genommen werden, die dann in Olivenöl etwa 2 Minuten gebraten werden. Mit Salz und Pfeffer bestreuen und mit Zitronensaft beträufeln.*

# Ratgeber

Fingerfood ist eine leckere Angelegenheit für jeden Anlaß. Die kleinen Häppchen sind meist gut vorzubereiten und stehen sie erst einmal auf dem Tisch, haben die Gastgeber die Zeit, sich ihren Gästen zu widmen.

Fingerfood läßt sich direkt von der Hand in den Mund genießen, d. h. eigentlich bedarf es nur einiger Tabletts oder Servierplatten und Servietten. Allerdings sind Teller für die Gäste auch sehr praktisch, denn dann können gleich mehrere Häppchen auf einen Teller gelegt werden und Holzspießchen oder andere sonstige Dinge müssen nicht in der Hand behalten werden.

Um aus der Vielzahl der Rezepte die Auswahl zu erleichtern, sind hier ein paar Vorschläge für eine Zusammenstellung.

## Sektempfang

**10 Personen**

*Käsetörtchen*
*Gefüllte Tomaten*
*Artischockenblätter mit Shrimps*
*Räucherlachs-Früchte-Spießchen*
*Matjes-Canapés*
*Lachstatar auf dunklem Brot*
*Blätterteig-Käse-Spiralen*
*Gefüllte Käsebeutelchen*

**Getränke:** Sekt, Sekt-Orangensaft, Kir-Royal.

Für 20 Personen die Rezepte verdoppeln, bis auf folgende drei Rezepte: gefüllte Tomaten, Artischockenblätter mit Shrimps und gefüllte Käsebeutelchen, diese Rezepte reichen in einfacher Menge.

## Italienisches Motto

**10 Personen**

*Pizza-Snacks*
*Mini-Calzone*
*Marinierte Champignons*
*Ziegenfrischkäsekugeln*
*Mozarella im Schinkenhemd*
*Kalbsleber-Baguette*
*Vitello tonnato*

**Getränke:** Gut gekühlter Prosecco, Weißwein und Rotwein.

# Ratgeber

## Spanische Tapas

**10 Personen**

*Spanische Salzmandeln (doppelte Menge)*
*Knusperoliven*
*Marinierte Sardinen*
*Cocktailtomaten, gefüllt*
*Hähnchenwürfel in Petersiliensauce*
*Oliven-Schafskäse-Happen*
*Empandillas*

**Getränke:** Sherry, Cava-Sekt, Weiß- oder Rotwein.

## Mexikanisches Motto

**10 Personen**

*Maiskolben Mexikanische Art*
*Mexikanische Tortillas*
*Enchiladas mit rotem Bohnenpüree*
*Spareribs mit feuriger Honigglasur*
*Chicken wings*

**Getränke:** Mexikanisches Bier oder Lager-Bier, Tequila mit Zitrone und Salz, Cocktails.

## Fernöstliches Motto

**10 Personen**

*Topinambur-Chips mit Dips*
*Kleine Frühlingsrollen mit Chili-Dip*
*Sushi mit Lachs*
*Garnelen im Knusperteig*
*Sesam-Hähnchen-Häppchen*
*Mini-Burgers „Madras“*

**Getränke:** Reiswein, grüner Tee, Weißwein, Bier.

**Wieviele Häppchen werden gegessen?**

Die Menge ist schwierig zu kalkulieren; sie hängt von der Tagesform, Tageszeit und dem Appetit der Gäste ab. Durchschnittlich werden in der ersten Stunde etwa 6–7 Häppchen pro Person gerechnet, dann nimmt der Appetit ab und es werden vielleicht noch weitere 4 gegessen.

Mineralwasser und Säfte sollten auf keinen Fall fehlen. Überhaupt sollten die Getränke großzügig kalkuliert werden, besser es bleiben einige Flaschen über, als das die Gäste auf dem Trockenen sitzen.

# Kapitelregister

# Kapitelregister

## Vegetarisches



## Fisch

# Alphabetisches Register

# Alphabetisches Register

| | |
|---|---|
| Umwelthinweis | Dieses Buch und der Schutzumschlag wurden auf chlorfrei gebleichtem Papier gedruckt. Die Einschrumpfolie – zum Schutz vor Verschmutzung – ist aus umweltfreundlicher und recyclingfähiger PE-Folie. |
| Hinweis | Wenn Sie Anregungen, Vorschläge oder Fragen zu unseren Büchern haben, rufen Sie uns an (05 21) 52 06 51 oder schreiben Sie uns:<br>Ceres Verlag<br>Am Bach 11<br>33602 Bielefeld |
| Wir danken für die freundliche Unterstützung | Frau Antjes Feinschmecker-Studio, Aachen<br>Food Professionals, Sprockhövel<br>Ketchum PR, München |

| | |
|---|---|
| Redaktion | Andrea Konetzke |
| Fotos<br>Titelfoto | Thomas Diercks, Hamburg |
| Innenfotos | Hans-Joachim Schmidt, Hamburg<br>Thomas Diercks, Hamburg<br>Kramp & Gölling, Hamburg<br>Bernd Lippert, Bielefeld<br>Norbert Toelle, Bielefeld<br>Brigitte Wegner, Bielefeld |
| Grafisches Konzept | Björn Carstensen, Hamburg |
| Gestaltung | Kontur Design, Bielefeld |
| Titelgestaltung | Kontur Design, Bielefeld |
| Reproduktionen | Omnia Scanners, Mailand |
| Satz | Typografika, Bielefeld |
| Druck | Mohndruck Graphische Betriebe GmbH, Gütersloh |


ISBN 3-7670-0226-4